央视《交换空间》同步书系

48小时家装魔法 4

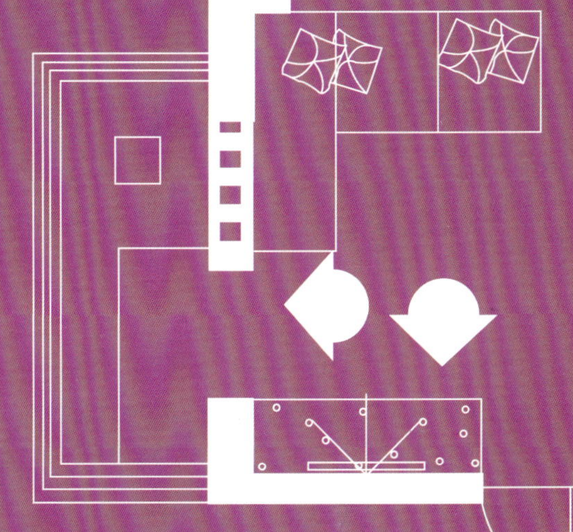

中央电视台《交换空间》栏目◎编

中国水利水电出版社
www.waterpub.com.cn

内 容 提 要

本书汇集央视《交换空间》节目家居空间二次改造精彩案例，从个性生活与家装设计的双重角度，精细解读每一个案例48小时空间“大变脸”的“魔法”所在，不仅细致呈现了近60例异彩纷呈的家居风格的装饰手法，材料选择，色彩、照明配置，灯饰、软装、家具选购与搭配技巧，分项费用等家装细节，更有来自家装设计师的家装秘诀以资参考。

本书可供广大读者和家装爱好者如法炮制、举一反三，改变或美化自己的家居空间，也可供广大设计师借鉴、参考，启发设计灵感。

图书在版编目（CIP）数据

48小时家装魔法. 4 / 中央电视台《交换空间》栏目编. -- 北京 : 中国水利水电出版社, 2013.1（2014.3重印）
（央视《交换空间》同步书系）
ISBN 978-7-5170-0438-7

Ⅰ. ①4… Ⅱ. ①中… Ⅲ. ①住宅－室内装修－建筑设计 Ⅳ. ①TU767

中国版本图书馆CIP数据核字(2012)第303303号

书　　名	央视《交换空间》同步书系 48 小时家装魔法 4
作　　者	中央电视台《交换空间》栏目　编
出版发行	中国水利水电出版社 （北京市海淀区玉渊潭南路 1 号 D 座　100038） 网址：www.waterpub.com.cn E-mail：sales@waterpub.com.cn 电话：（010）68367658（发行部）
经　　售	北京科水图书销售中心（零售） 电话：（010）88383994、63202643、68545874 全国各地新华书店和相关出版物销售网点
排　　版	北京时代澄宇科技有限公司
印　　刷	北京博图彩色印刷有限公司
规　　格	210mm×280mm　16 开本　6.5 印张　78 千字
版　　次	2013 年 1 月第 1 版　2014 年 3 月第 5 次印刷
印　　数	14001—19000 册
定　　价	39.00 元

编委会

目录 Contents

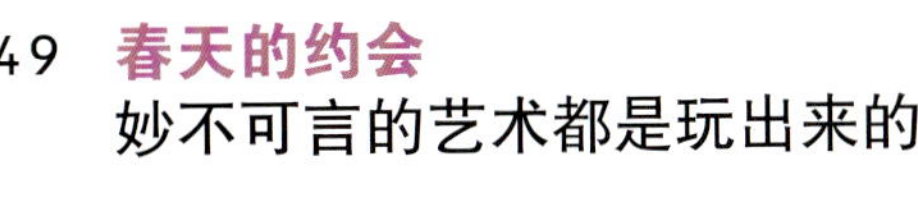

Contents

如何使用本书？

★关于“48小时”和“一万元”

节目中家居空间改造的设计、施工、整理工作都是在48小时内花费约一万元完成的，因此案例家装特点是：轻装修重装饰，单功能和小空间居多（如客厅、儿童房），设计多花费少，旧房改造提倡环保。

★关于风格

每册收录当今流行的各类家居风格——

◎田园◎现代 ◎简约 ◎新中式 ◎轻奢华 ◎简欧式 ◎欧式复古 ◎混搭

★关于阅读

本书为您解读CCTV2《交换空间》节目家居空间改造精选案例。

头两页：最有特色的图片展示；改造前后评价；改造前后平面图。

中间：“魔法”——文字细述各个改造靓点；改造前后图片对比。

最后：成本开销+色调搭配+装饰装修知识介绍。

★关于书后表格

按提示填写本书最后所附申请表，寄送或发电子邮件给节目组，就有机会参与节目录制、成为红蓝队房主，让《交换空间》进您家！

江南梦

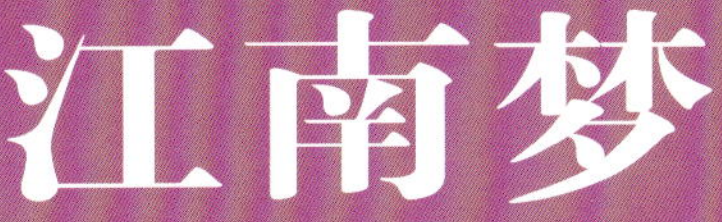

Loft 小空间里的江南水乡

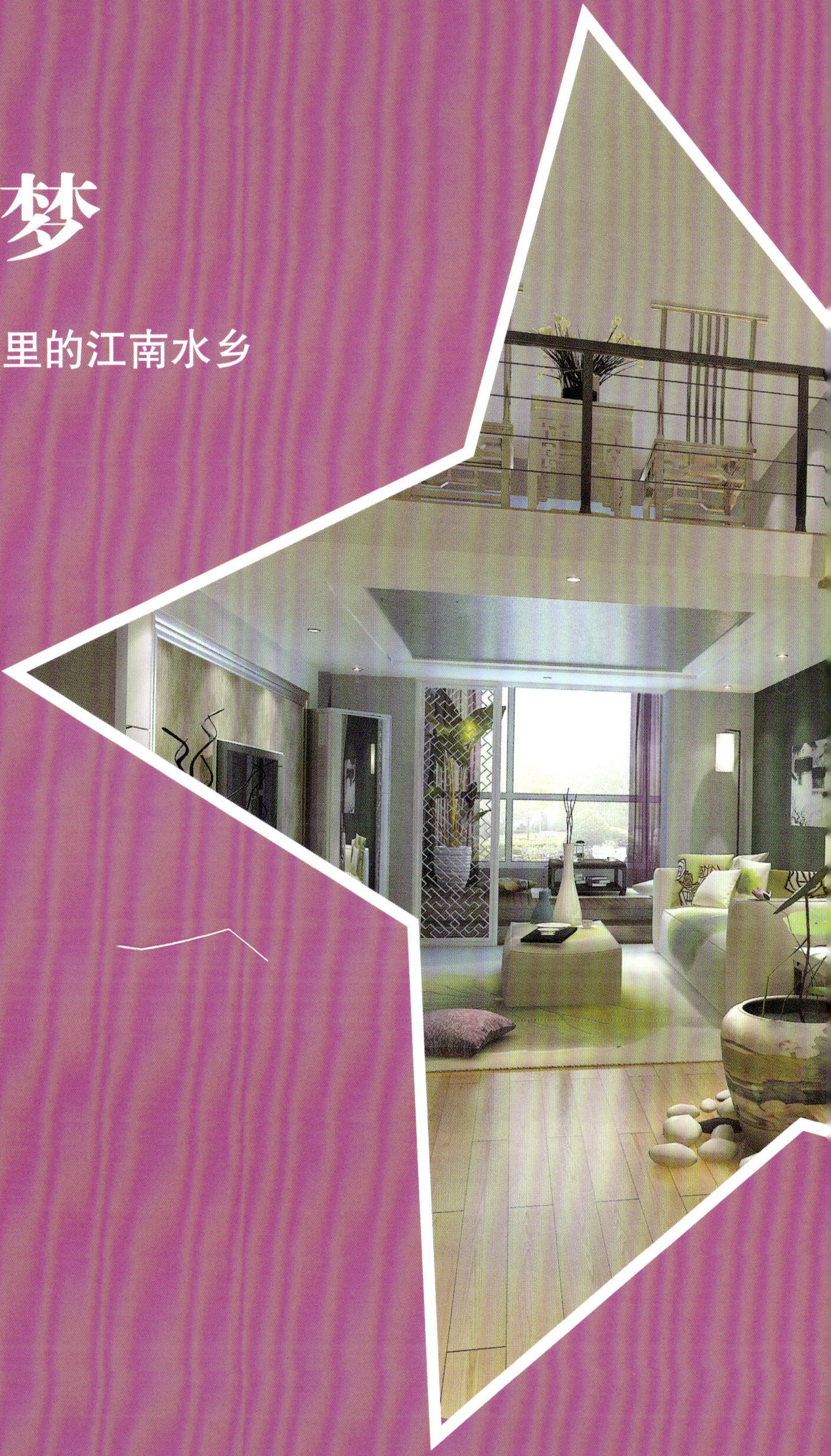

窗外北国
窗里江南
红莲翩跹
帆影点点
轻舞罗裳

Loft 小屋
湖水荡漾
风清荷香

是梦?
非梦!
北国都市
也可享受那——
水乡秀丽!

江南梦 Loft小空间里的江南水乡

JIANGNANMENG

改造前评述：

房间评价 改造前

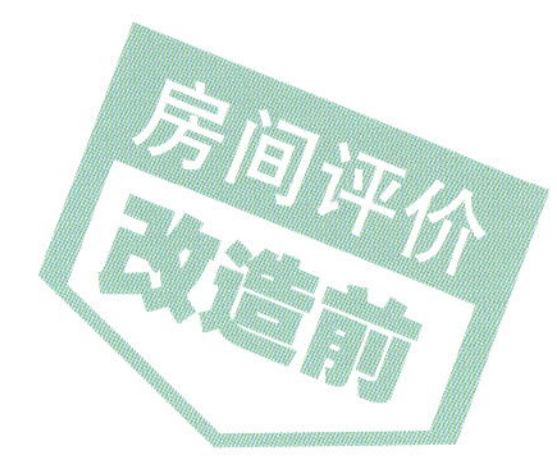

该房屋结构为Loft小空间，功能规划不明显，入户空间狭窄，布局不够和谐，室内缺乏装饰和设计感。

房主故事：

房主是一名年轻女士，戏曲舞台化妆专业教师，对美的事物非常敏感，闲时喜爱在家中轻舞罗袖，演绎自己心爱的戏曲。生于江南水乡，有着抹不去的水乡情结，身居北方都市，仍渴望家在江南。

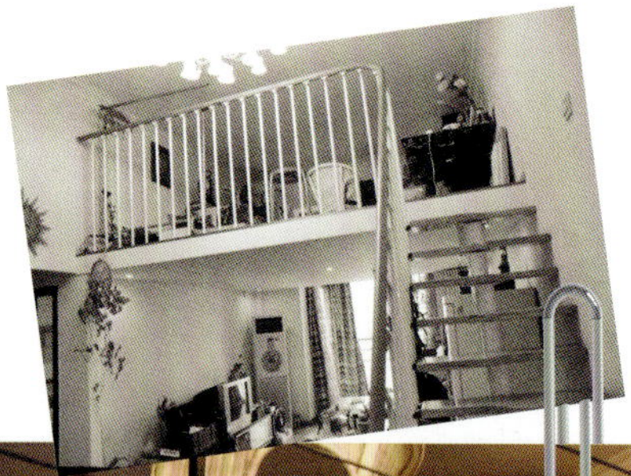

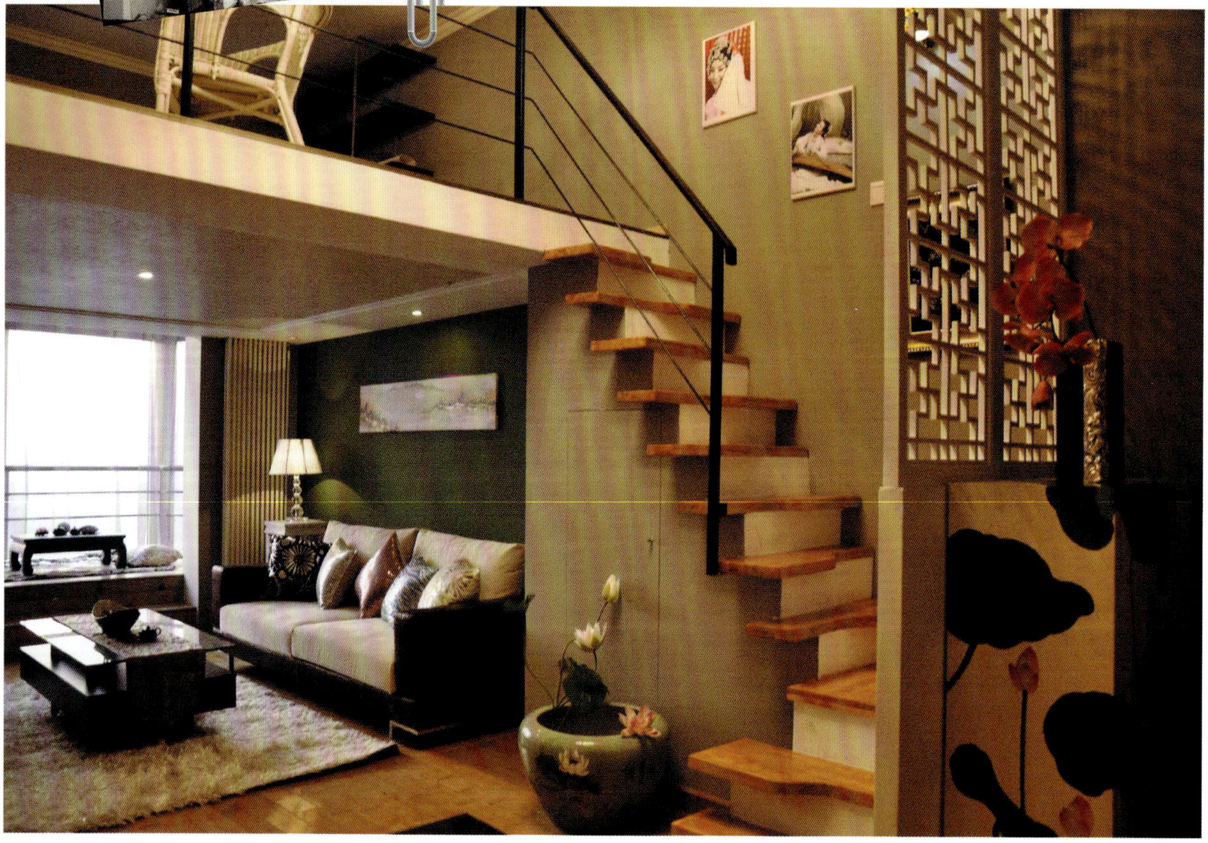

设计师：张红军

毕业学校：内蒙古师范大学国际现代设计艺术学院

从业时间：10余年

设计理念：设计源于生活，设计改变生活。空间设计不是材料的堆砌，而是对生活方式、空间行为的合理诠释。

在这次方案设计创作时，我考虑了房主内心最想要的空间感受，把空间主题定为“梦回水乡”。设计运用了许多特色的江南水乡建筑元素、色彩元素、配饰元素，将它们加以简化运用到这个Loft空间中，同时也糅合现代的色彩构成、空间构成和现代水墨画，黑、白、灰的印象和功能的合理利用，使空间既有人文关怀，又有合理的人流路线和功能规划。

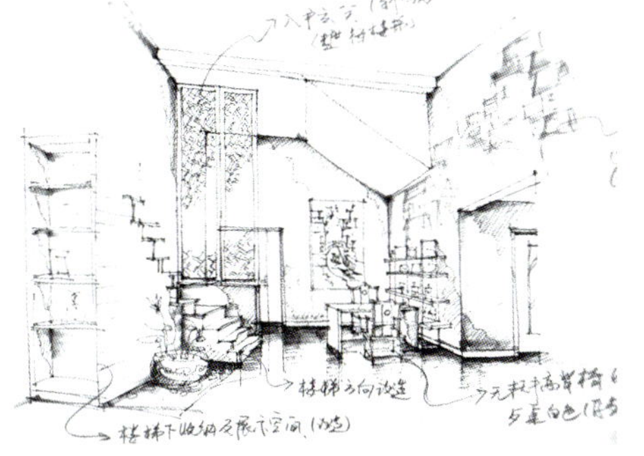

改造手绘草图

魔法01

一跑楼梯改折跑

在功能规划上，把一跑楼梯改成折跑楼梯，这样楼梯与入户门间的距离变大，弱化了入户空间的局促感。楼梯下方做成储物间，既把楼梯的钢结构很好地隐藏起来，又多出了房主想要的收纳空间。

楼梯栏杆改成了简单的黑色铁艺栏杆，显得简洁、现代，尺寸也变矮了，这样阁楼层高会显得高一些（实际上只有 1.6 米）。而且视觉上更通透一些。

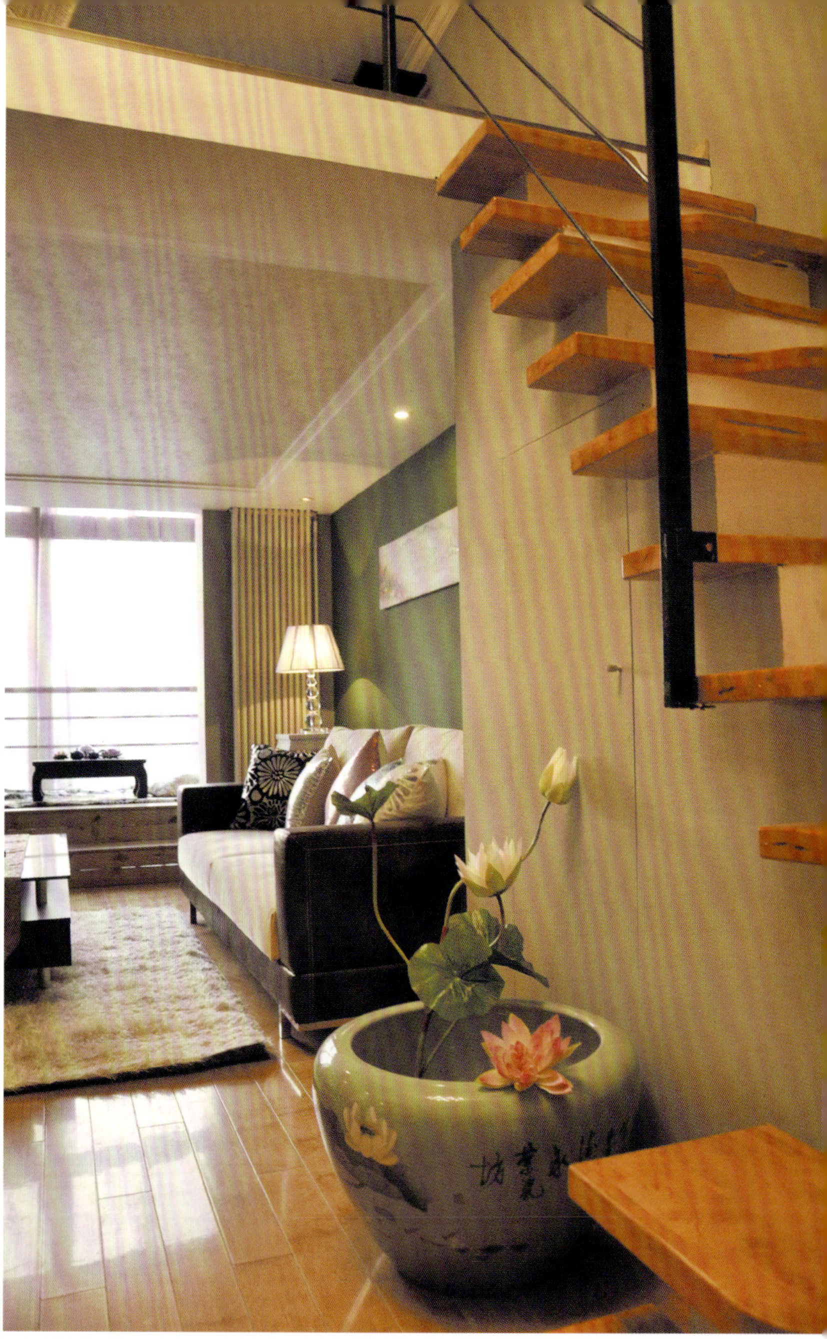

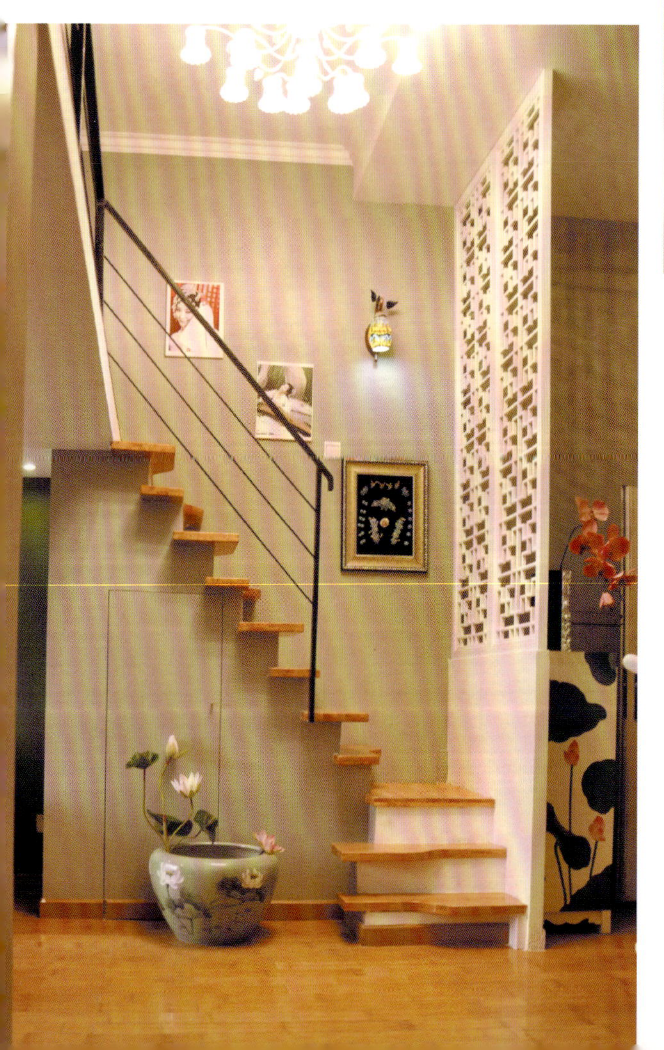

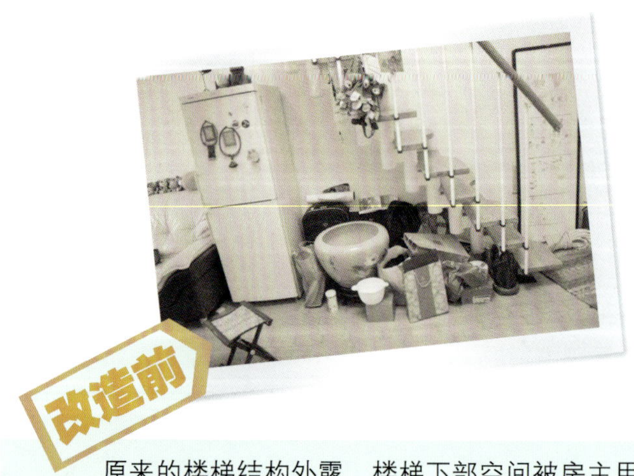

改造前

原来的楼梯结构外露，楼梯下部空间被房主用来储物，显得有些杂乱。

魔法02
规划空间功能 增设门厅

楼梯改造后，在楼梯右侧设置一扇中式花窗的屏风，避免了楼梯直冲入户门的弊端，而且多了一个入户的缓冲空间——玄关。在这里可以设置鞋柜，更换外出衣物，接收邮件快递，也为客厅增加了几许私密。

玄关处摆放中式荷花图案的新柜子，绿叶红花，与楼梯旁的荷花鱼缸相互映衬，水乡风韵迎面而来。

一打开门就是楼梯，客厅一览无余，入户空间显得狭小、局促。

阁楼下的客厅层高只有 2.1 米，设计用简单的叠级造型，并在客厅顶部中央铺贴反光质感的壁纸，把客厅的层高在视觉上拉高一些，使其不显得压抑。

魔法03 造型与壁纸巧妙解“压”

改造前

改造前阁楼下的客厅空间显得局促、压抑，一览无余的直梯加重了这种感觉。

魔法04 水乡意境的客厅

沙发背景墙的那一抹墨绿，你可以放开你的想象，荷叶、水……再配以沙发后墙面上的写意装饰油画，水乡意蕴更为浓厚。这些色彩、装饰元素是对空间设计主题的进一步诠释。

电视柜、茶几、沙发造型简洁，色调与电视背景墙完美统一，使空间在灵动中不失沉静，正契合江南水乡的文化意境。

改造前

客厅白墙落地，缺乏格调和情趣，转角沙发占用空间大，使原本不大的客厅更显局促。

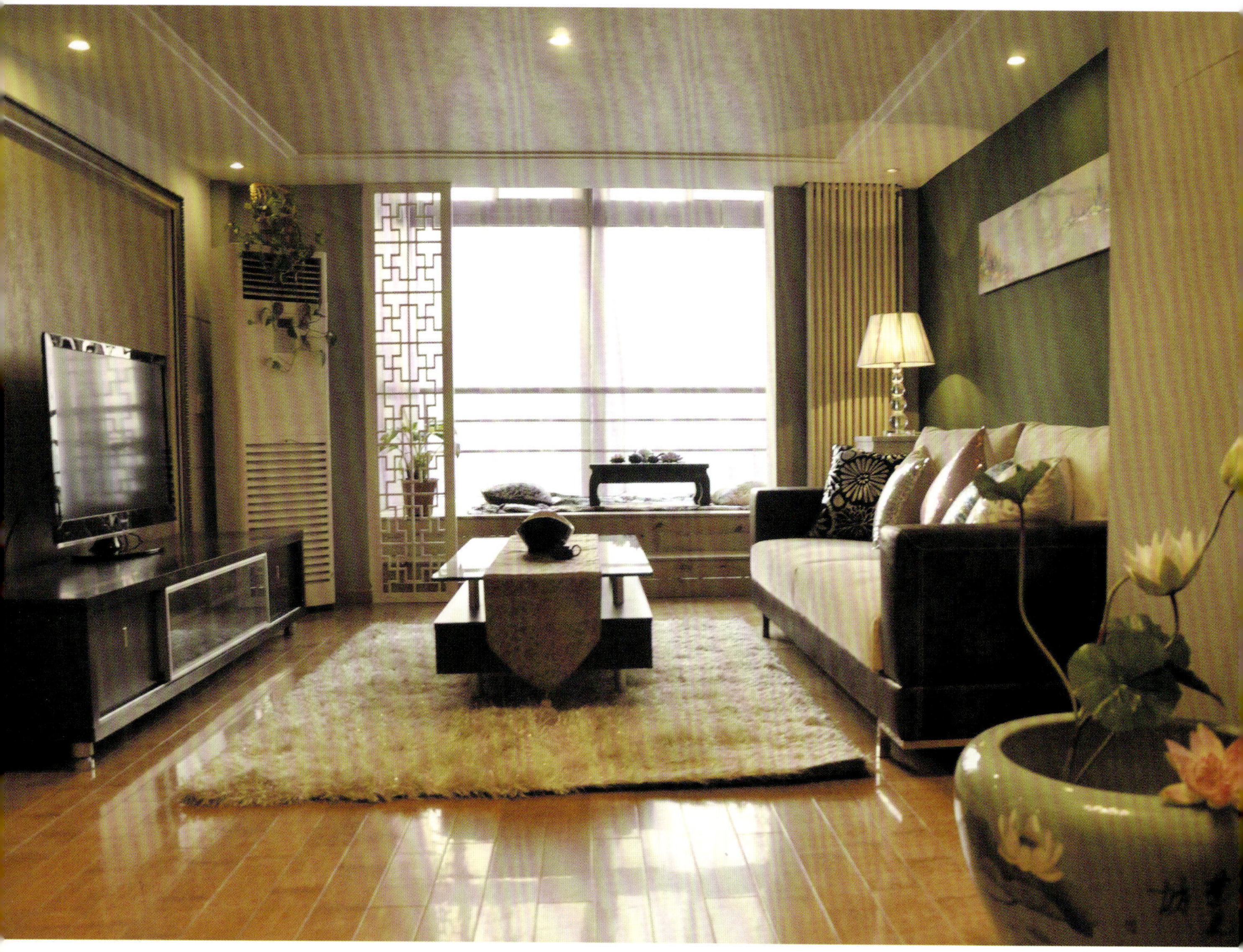

魔法05 集休闲、收纳与睡床于一体的地台

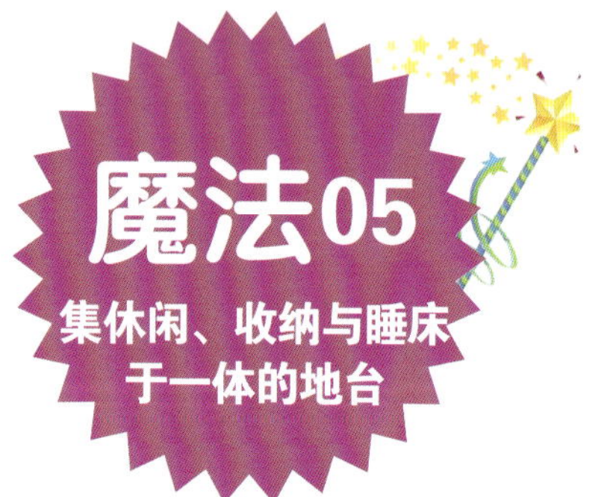

客厅阳台做了一个大大的地台，可以满足主人日益增多的杂物收纳需要（地台上有门可以打开），也可以闲坐、聊天、喝茶。家里来客人了，也可以当床使用（对于一居室的小户型空间这也是尤为重要的功能）。

一扇白色镂空花格屏风，与门厅处屏风玄关遥相呼应，为空间增添几许玲珑秀美，也与客厅左右两侧墙角直线条的空调机和挂式暖气构成一种虚实对比的平衡与协调。

改造前

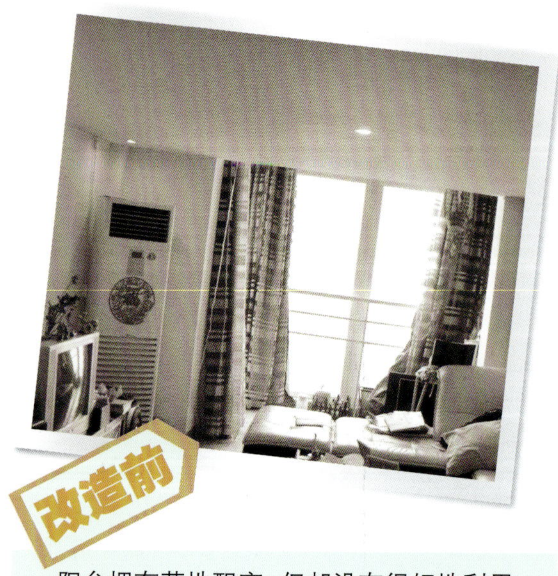

阳台拥有落地飘窗，但却没有很好地利用。

魔法06 新颖独特的水墨墙绘

Loft空间最难解决的是屋顶高差造成的突兀感，特别是小户型，空间有限，很容易给人压抑感。设计师手绘一幅高低错落的大型水墨墙绘，巧妙地解决了这个设计难题。江南水乡的秀丽、清雅呼之欲出，又是对空间主题——江南梦的进一步深化。

不规则、带斜坡的墙面通过江南水乡建筑的透视关系，近大远小，运用黑白灰色彩，产生虚幻缥缈的感觉，弱化了墙面给人的视觉落差，更是对梦里水乡的还原。

成本开销

挂衣钩：150 元

镜子：550 元

沙发：2850 元

窗帘 / 软包：1450 元

灯具：750 元

配饰（小鸟挂件，玻璃花器，托盘，壁纸）：1250 元

板式家具（花架，茶几，换鞋墩，五斗橱）：2600 元

油画：400 元

本案色调

主色调 + 搭配色调   + 

中式后现代的 Loft 空间设计技巧：

中式后现代的 Loft 设计和装饰要注意多用中式轻巧的符号，而不是体量过大的家具，比如可用轻薄的中式花格屏风、写意的现代材质的挂画、摆件饰品等。空间功能规划上尽量节省空间，多做收纳空间，化零为整。空间要干净利落，“好的东西有地儿展，乱的东西有地儿藏”。

下图所示的这个空间是一个总层高 4.8 米的 Loft 空间。为了改造成两居室，把一层和二层挑空的地方封了楼板，规划出二层的两个卧室空间、储物空间以及主卫空间。

一层顶部为了隐藏钢结构做了吊顶，同时可以安装点光源——射灯，起到局部照明、空间光环境的营造的作用。房顶中央同样使用了反光效果的壁纸，可以把层高拉开，这样即使吊完顶，只有 2.3 米的层高也不显压抑。

两扇屏风的应用既是空间功能划分的隔断，又是风格混搭的符号。空间颜色以黑白灰为主，同时调入了橄榄绿和富有女性柔美的藕荷色，藕荷色的水晶珠帘，来表达空间的主人属性，阳台上的地台更是收纳和观景的好去处，刚毅中体现着主人的柔美，柔美中表达着女主人的刚毅和利落。

墨　咖

简约中高贵　时尚中沉稳

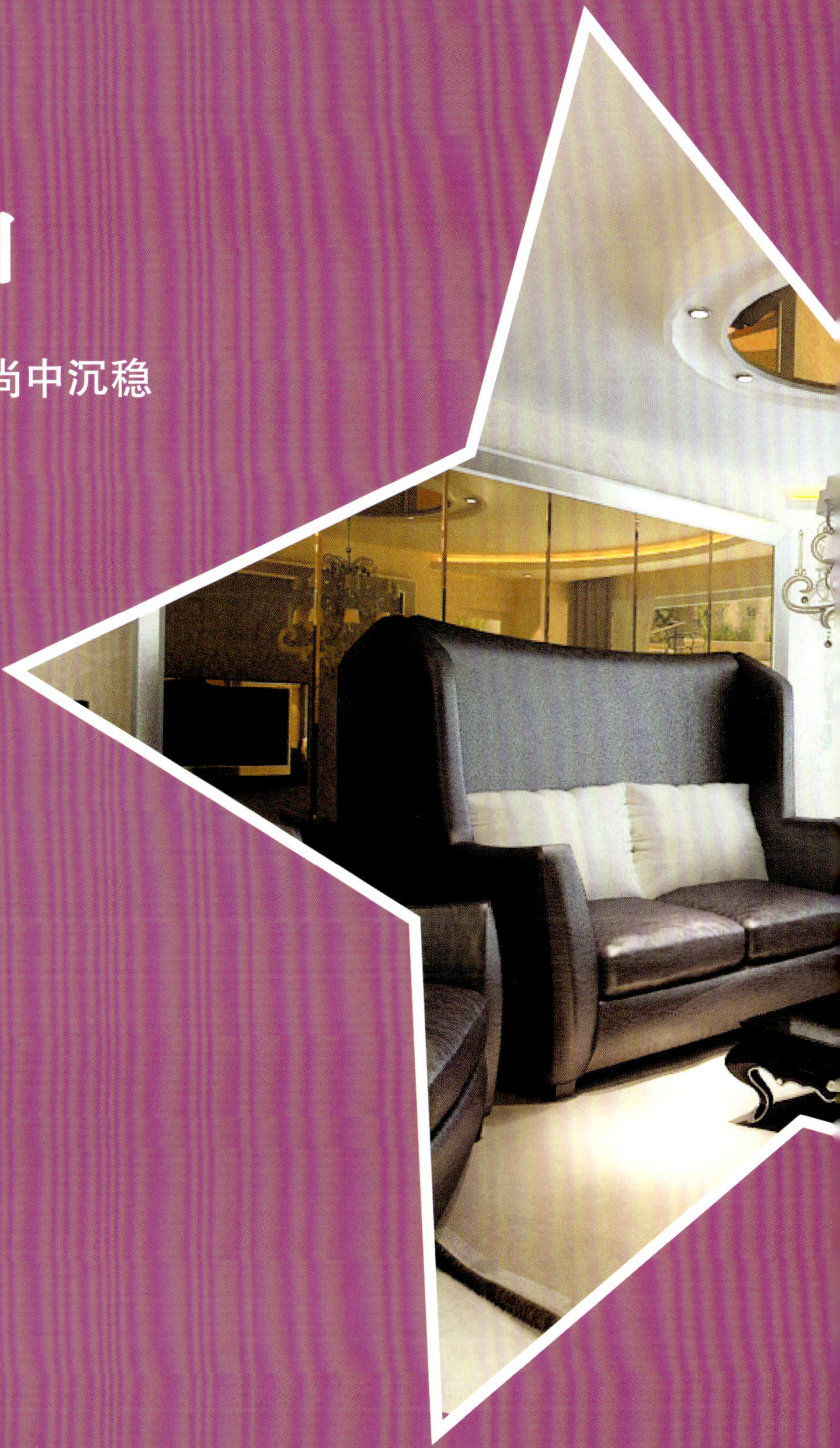

用色沉稳高贵

风格历久弥新

新潮简约的现代风格

搭配完美的整体装饰

凸显个性和主张

墨　咖 简约中高贵　时尚中沉稳

MOKA

改造前评述：

这是一个典型的标准户型格局，理论上采光应该很好，但感觉却比较暗。窗口位置放有一个高靠背沙发，这是房间阴暗的主要原因。家中的家具单独看都够好，但放在同一空间中，就显得彼此不够搭配。所以，设计师决定以家中重要家具沙发为基准，设计一个现代风格的客厅。

房主故事：

房主是一对结婚 7 年的夫妻，妻子对生活的品质要求很高，每一件家具都经过精心挑选，但总觉得买回来后整体效果不够理想，当初在装修时设计师出过十几套方案，但都不满意。丈夫则觉得家里的储物功能太少，希望通过这次装修家里能有个大变化。

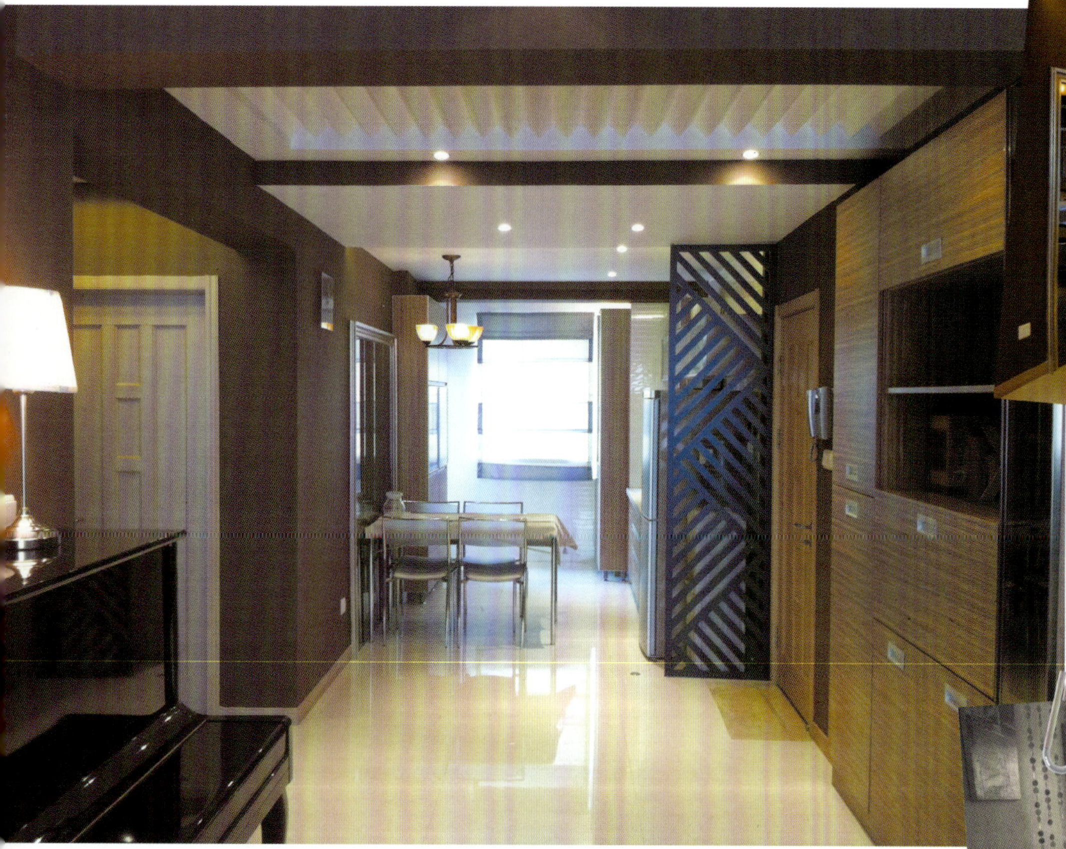

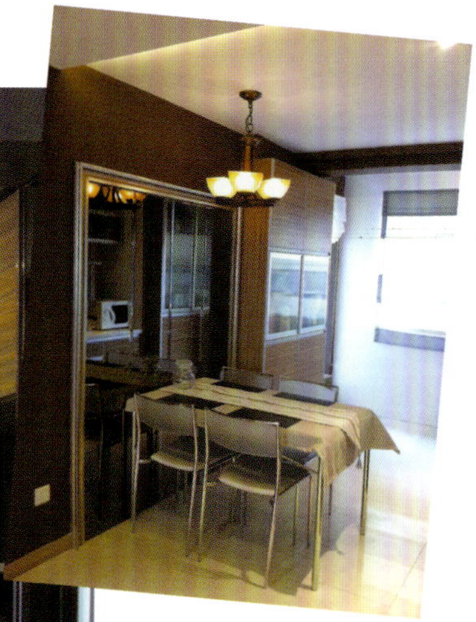

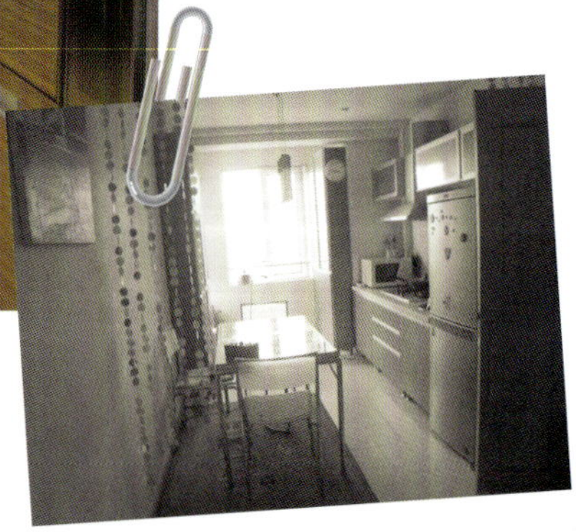

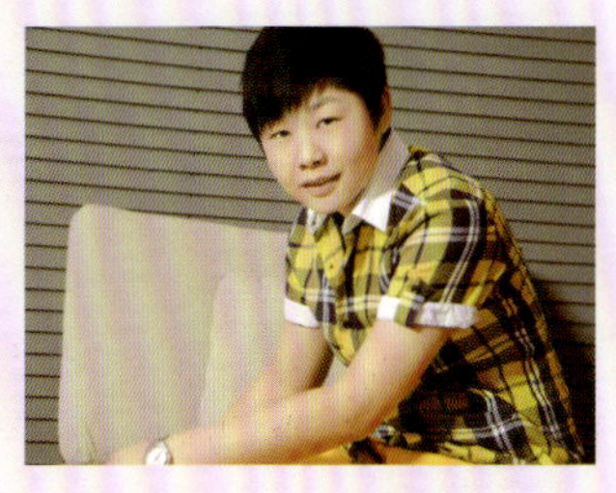

设计师：刘 徽
毕业院校：天津美术学院
从业时间：5 年
设计理念：个性鲜明，追寻艺术；在设计中放飞自己的想象，让设计能够插上翅膀，自由自在地去翱翔。

房间评价 改造后

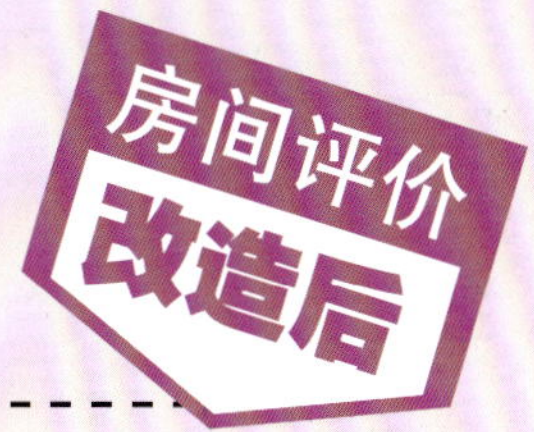

设计均围绕着“墨”与“咖”为主题，房间色彩采用了黑色和咖啡色，颜色沉稳高贵，风格历久弥新。以房主家原有沙发为基准，使改造后整体搭配协调，风格新潮。让在都市生活中忙碌了一天的房主，回到家中也能享受生活与品位生活。

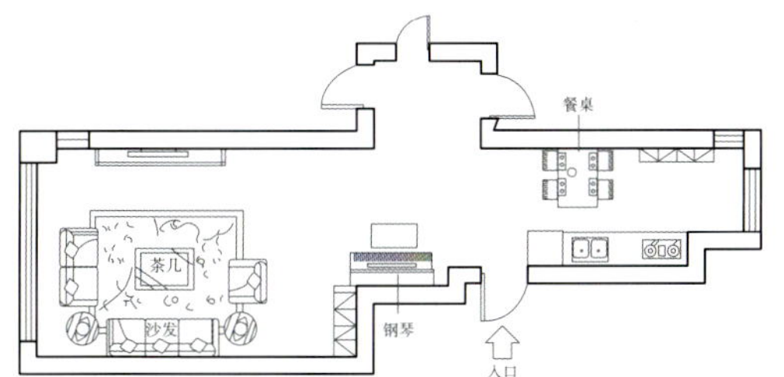

改造前平面图

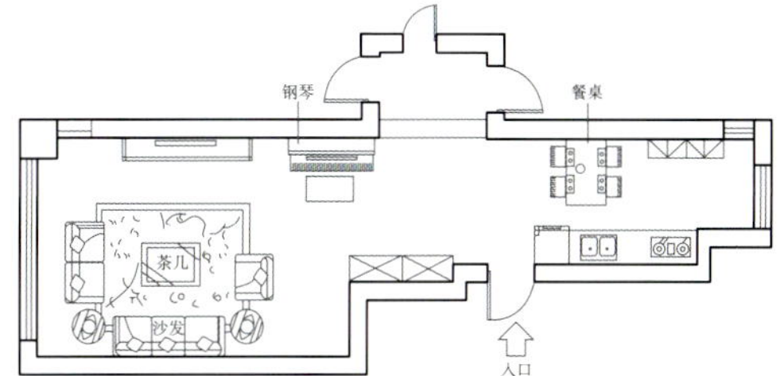

改造后平面图

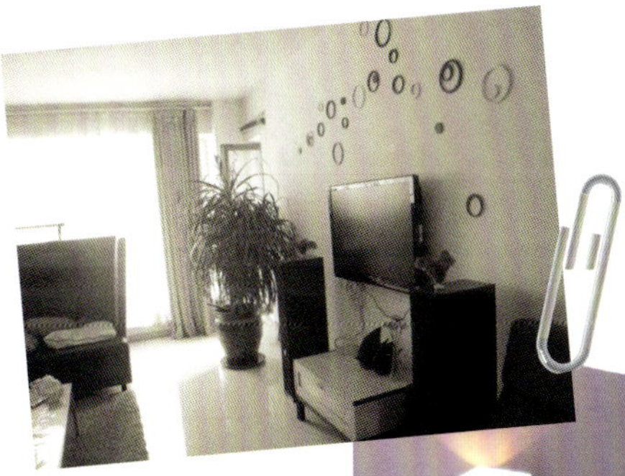

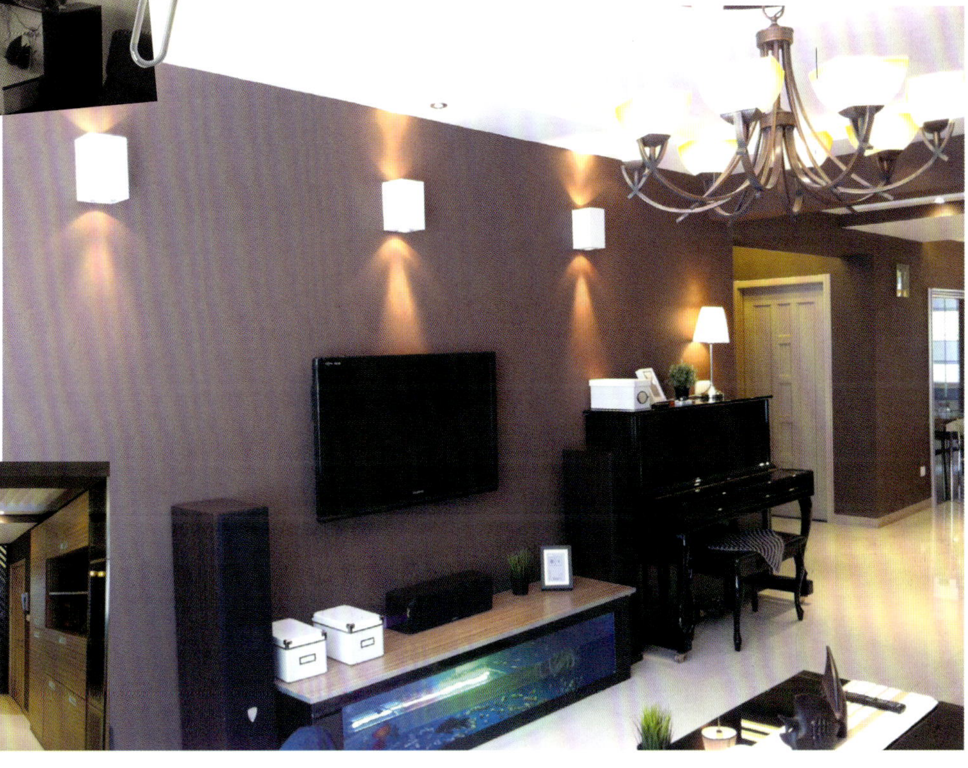

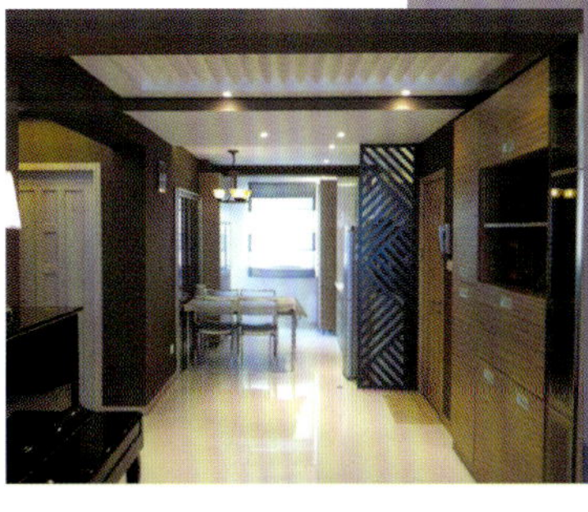

魔法01
高背沙发 玻璃背景墙

设计中调整了现有家具尤其是沙发的位置，新做的沙发背景墙利用的是金色的镜框线及茶色玻璃，在咖啡色的衬托下，金色与茶色会更显得耀眼；镜片的使用会使原本压抑的颜色，多了一些层次，使视觉效果通透许多。而沙发背景墙的宽度，只是比沙发略宽一点，其目的是为了凸显沙发的重要性，希望房主在回到家中的时候，坐在这款高靠背的沙发中，体验一种 king 的感觉。

改造前

在原始的房间中，高靠背的沙发遮挡着客厅窗口的采光，以至于整个客厅显得有些暗。

魔法02 巧移陈设打造储物柜与电视墙

改造前家居摆放较为散乱，布置也不太合理。

在电视背景墙的设计中，只是用了几个自制的筒灯造型，通过灯光的照射，形成光晕从而使单调的咖啡色形成同色系的渐变色。钢琴以及鱼缸电视柜在简单的电视背景墙中辅以黑色和茶色，在灯光的渲染中形成独特的阶梯造型。

把原来摆放在门厅位置的钢琴，挪到电视背景墙一面，而原来门厅的位置，做出一个多功能的储物柜。储物柜是一个结合电脑桌、书柜、展示柜、鞋柜以及储藏柜为一体的多功能储物空间。

成本开销

储物柜：3000 元	**鱼缸：1250 元**	**隔断：230 元**
餐厅吊灯：560 元	**茶几：1360 元**	**客厅吊灯：820 元**
乳胶漆：1200 元	**镜面玻璃 + 油画框：1100 元**	**其他：480 元**

本案色调

主色调 + 搭配色调 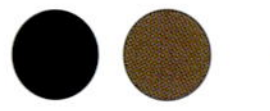 + 

新古典主义风格塑造

新古典主义是指在传统美学的规范之下，运用现代的材质及工艺，去演绎传统文化中的经典精髓，使作品不仅拥有典雅、端庄的气质，并具有明显时代特征的设计方法。因此，新古典主义是古典与现代的完美结合。

新古典主义风格特点包括：

讲究风格，在造型设计时不是仿古，也不是复古，而是追求神似。

用简化的手法、现代的材料和加工技术去追求传统样式的大致轮廓特点。

注重装饰效果，用室内陈设品来增强历史文脉特色，往往会照搬古代设施、家具及陈设品来烘托室内环境气氛。

西西里的阳光

温暖的欧式客厅

空间因设计而奇妙温暖
一个空间，多种功能
一居变两居

客厅的杂乱无章遁隐
闪烁着欧洲宫廷的华贵

捧一杯红茶
感受西西里温暖的阳光

西西里的阳光 温暖的欧式客厅

XIXILI DE YANGGUANG

改造前评述：

温馨的欧式风格，婆婆想要给自己的孙子一个游戏娱乐空间，觉得自己家的沙发很大，太占地方。家里颜色单一，没有风格，没有合理的功能划分。

房主故事：

房主的丈夫是一名军医，夫妻二人长期异地分居，她想打造一个丈夫喜欢的、温馨的欧式风格客厅，给自己老公一个惊喜。

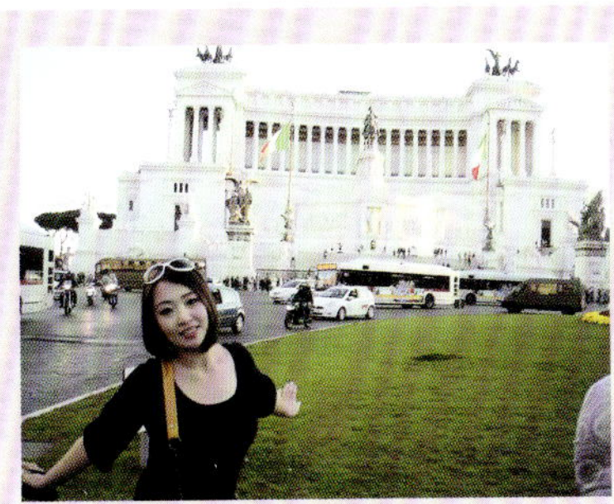

设计师：王 沛
毕业学校：天津商业大学
从业时间：7年
设计理念：设计源于生活，生活因设计而丰富精彩。

房间评价 改造后

本案设计主题“西西里的阳光”，大量暖色的运用是本次设计的特色，家具的实用性改造和空间的合理利用是这次设计的重点。进门的玄关运用石膏板吊顶巧妙地进行了划分；软装饰的运用把整个客厅划分为四个功能；镜子的运用在视觉上增大了空间；灯光的冷暖配合，使整个客厅有了层次感。

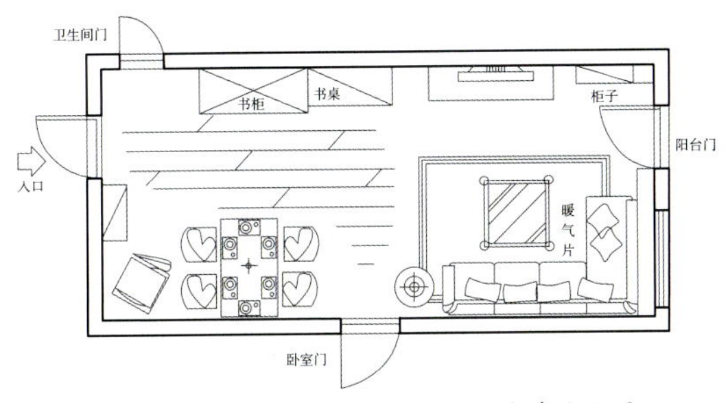

改造前平面图

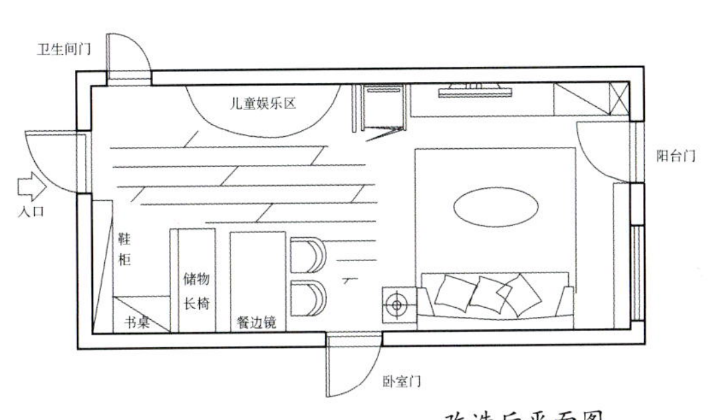

改造后平面图

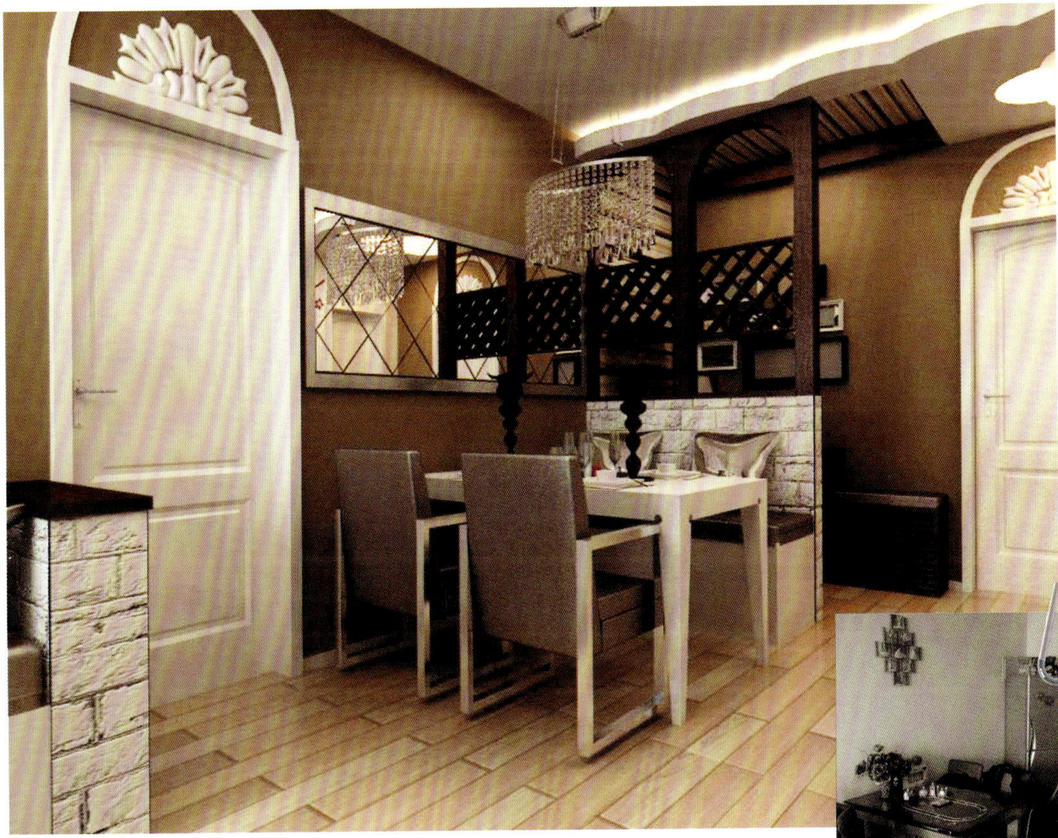

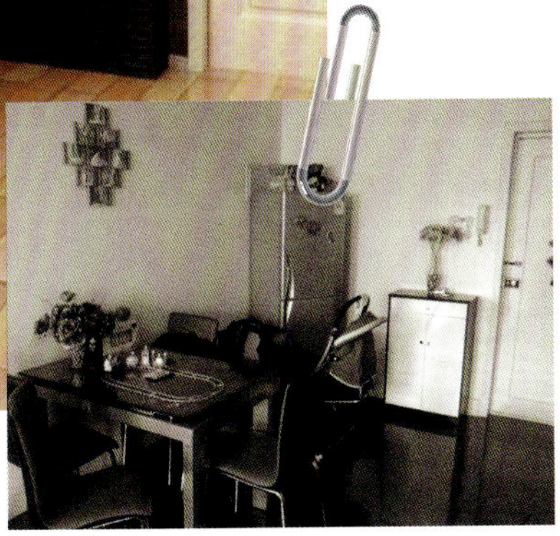

魔法01 运用软装饰改造客厅

冰箱是银色的，颜色跟整个设计不太协调，可以运用家具贴，来改变冰箱的外观质感，在家装中也是改变其他家具最快最省钱的方法。

水表及下水管位置运用欧式菱形格设计，使设计更协调。

改造前

改造前的客厅颜色单一，布局杂乱无章，储物空间较少。一个大冰箱在进门处很占地方，但似乎又没有别的地方可以放；沙发很大，靠近暖气片的沙发榻实用性不强。

魔法02

石膏吊顶巧分玄关与儿童活动区

进门后左手处运用石膏板吊顶巧妙地进行了划分，划分出了玄关区域和儿童活动区域，用镂空板隔断把客厅电视背景墙与儿童活动区一分为二，冰箱就藏在隔断后面。

改造前门口显得拥挤狭窄。

魔法03
巧隔变书房 储物又休闲

为了打造出业主想要的书房，在进门右手处做了一个欧式酒柜隔断，巧妙地隔出了一个书房兼办公空间，运用横条壁纸使空间视觉变长。

可坐着换鞋的鞋柜。

可储物的柜子亦做餐椅。

可折叠的吧台和可调节高低的座椅。

改造前

改造前进门右手处即为冰箱和餐椅，左手处为卫生间门和书柜。

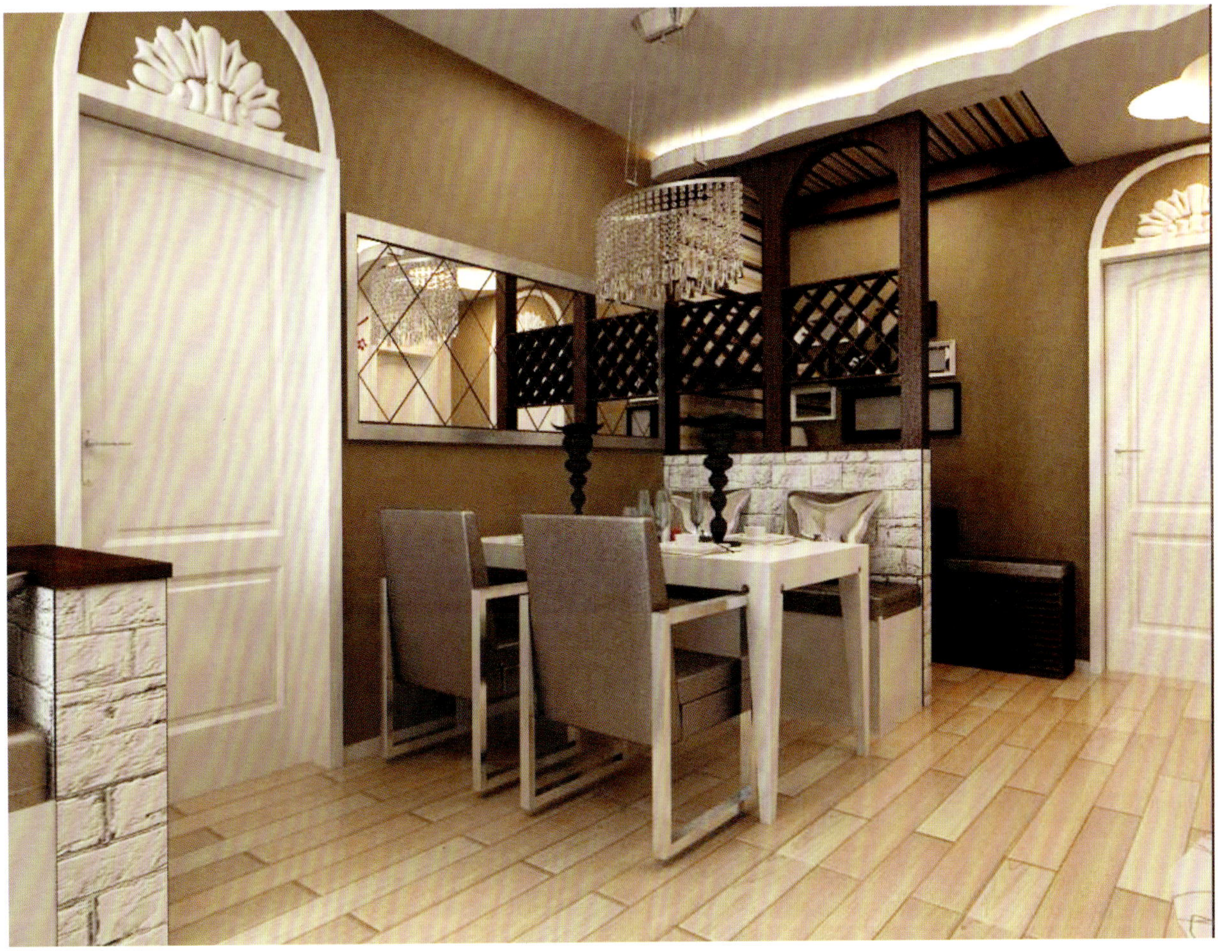

有了书房隔断，餐厅区域就独立出来，而餐厅的欧式切边镜的运用在视觉上又增大了空间，使得整个餐厅显得高贵明亮。

门框的石膏线延伸的目的是使门在视觉上增高，门高就会使整个屋子的层高拉伸，并且带有欧式风格，而且价格低廉。

魔法04 餐厅重塑 巧“拉”层高

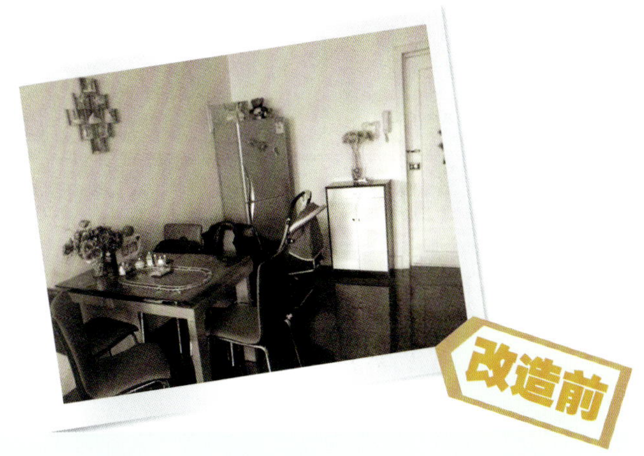

原餐桌与冰箱、门口处的矮柜挤在一起，空间局促。

成本开销

壁纸：760 元　羽毛吊灯：750 元　窗帘：1160 元　沙发装饰：220 元
壁灯： 120 元　墙漆：360 元　地板：2100 元　卡通造型墙：980 元
照片墙 ：240 元　羽毛台灯：160 元　小沙发：700 元　餐厅区域：1700 元

本案色调

主色调 + 搭配色调  + 

欧式风格的塑造

欧式壁纸和石膏线的运用对于塑造欧式风格非常关键，在装饰装修时也经常会运用到一些欧式图腾花纹。另外，水晶灯是欧式风格的代表，英式风格的灯则可以很容易把欧式风格又划分出更加有特色的英式风格，从而把整个房间从平淡变为有特色。

市面上很多欧式家具和韩式家具经常被业主弄混淆。在资金不充裕的时候，可以用价格低廉的韩式家具来打造欧式风格，也可以给我们带来意想不到的效果。

欧式家具的体积一般都比较大，所以如果是在小屋子里打造欧式风格，应该把工夫主要运用在灯具、壁纸、和一些小配饰上面，例如：欧式挂画、切边镜、欧式花纹的壁纸等。

线条勾勒的回忆

彩绘的现代简约家居

都市承载着都市人的生活，它有太多丰富的内容，有人爱它，有人厌它，有人对它又爱又恼。

热爱都市的人，把都市带进家里，剥离了嘈杂、喧闹和浮躁，伴着它宁静、错落、现代的剪影，安闲享受它只在夜幕里才浮现的美。

线条勾勒的回忆 彩绘的现代简约家居

XIANTIAO GOULE DE HUIYI

改造前评述：

房屋的装修很简洁，十年来一直都是雪白的墙，房主很想有所改变，尤其是电视背景墙和沙发背景墙。对吊顶和吊灯也不太满意。

房主故事：

房主是幸福的三口之家，普通的工人家庭，一家人开朗活泼，能歌善舞。

设计师：郎庆顺
毕业学校：河北理工大学
从业时间：8年
设计理念：设计来源于生活，服务于生活。

本案设计以线条为主，以黑、白、咖色为主色，配以大量的墙体彩绘，内容以城市街景为主，剪影与写实的手法相结合，虚实相间、黑白对比，烘托设计主题，勾勒出一个时尚干练的家。

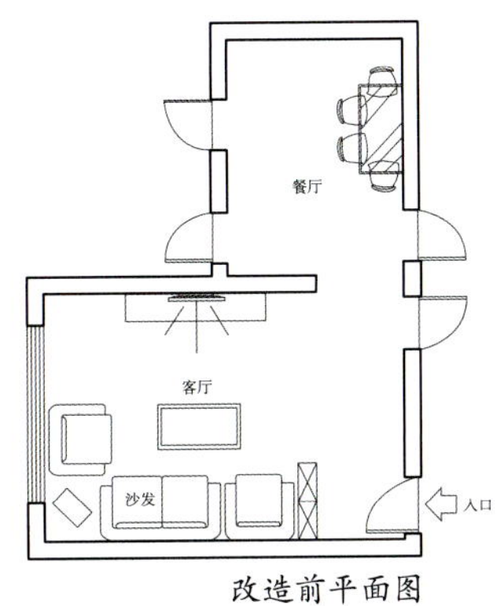

改造前平面图

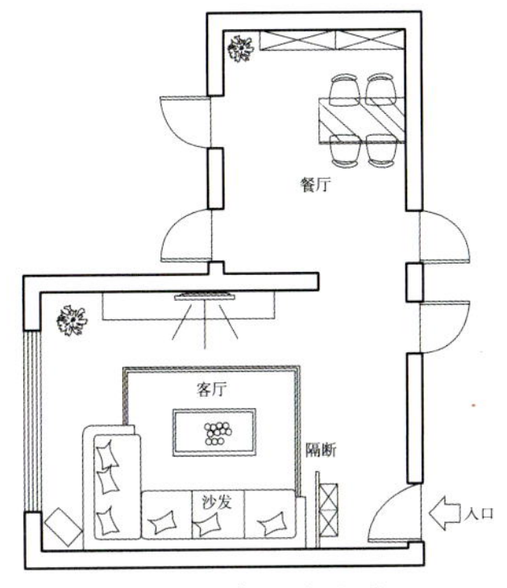

改造后平面图

魔法01
彩绘沙发背景墙

1 2

① 客厅区域具有艺术性和前卫感的大面积墙体彩绘，勾勒出夜晚都市的剪影，很符合夫妇二人活泼的性格和对时尚的要求，完美满足了房主装修之前对沙发背景墙的要求。沙发背景墙上的环绕音响，自然融入整体画面，女主人在做家务时也能享受音乐带来的愉悦。

另外，后期运用了很多曲线和软饰的东西，包括玄关隔断的丝绸、靠枕、地毯、桌布等，来柔化空间，使空间更加柔美。

手工制作的贝壳灯，风吹过时会发出银铃般清脆的声响，给房主带来视觉和听觉的双重愉悦享受。

② 独特的玄关造型，既具张力也体现了柔美，丝绸的紫色与沙发的颜色构成了完美搭配。

改造前

原先的客厅装修简单，特色较少，吊顶的高度和沙发背景墙两边的音响线一直是困扰房主的大问题。

魔法02 彩绘电视背景墙

改造后的电视背景墙在灯光的映衬下，别具一番时尚而又温馨的感觉。一家人在一天的忙碌之后，围坐在电视机前欣赏精彩节目的同时，也一定能感受到这种独特的美好感觉。

电视背景墙和沙发背景墙相呼应，一个是用笔勾勒的实体画面，一个是夜晚都市的剪影，颇具投影的感觉。

原先的电视背景墙只有简单的木条装饰，体现不出房主对于居住空间的要求。

魔法03
餐厅也艺术

2 | 1

1 餐厅区域手工制作的吊灯为餐厅营造出五彩斑斓的氛围，整体感觉得到了提升。

暖气位置的合理变动为储物柜提供了充足的空间。

储物柜上方的展示格间里摆放了各式的艺术品，就餐区的艺术感瞬间得到了释放。

2 餐厅的装饰画是用破瓷砖拼出来的小提琴图案，随意收集来的材料，经手工制作后，散发出不一般的优雅，为餐厅的艺术氛围增添了一抹亮色。

改造前

原先的餐厅装修比较简单，暖气部分的空间未得到很好的合理利用，餐桌、餐椅和整体风格不太谐调。

魔法04

吊顶再造整体空间

改造后的客厅吊顶，整体造型更简洁明朗，与线条明快的电视背景墙和沙发背景墙和谐地融为一体。层高感觉比以前更高了，整体显得更宽敞明亮，为房主提供了一个更开阔的生活环境。

餐厅的吊顶也得到了简化，提升了空间的高度，营造了一个舒适雅致的就餐环境。

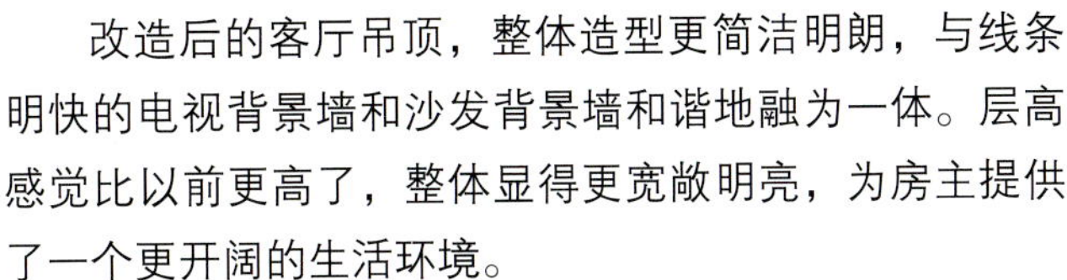

改造前

改造前的吊顶造型陈旧，造型繁复，而且压低了层高，让房主产生压抑的感觉。

餐厅吊顶造型与客厅风格一致，比较繁杂。

成本开销

墙漆：1000 元　**玄关、鞋柜：600 元**　**沙发：2500 元**　**墙绘：600 元**

酒柜：1200 元　**灯：800 元**　**茶几、地毯：1000 元**　**窗帘：800 元**

餐桌椅：400 元　**电视柜：1000 元**

本案色调

主色调 + 搭配色调 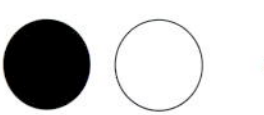  

玄关的打造

玄关是我们推开房门见到的第一道风景，通过它我们可以了解房主的一些品位，好的玄关应该有两重功能，第一是增加房间的视线的隐蔽性，另外，就是能带来一些实用性的功能。

玄关主要分为以下几个种类：

1. 石材玄关

具有华贵、凝重、硬朗的特点，适合于面积大的门厅。玄关前可摆放一些木质的玄关柜、彩陶或者其他的一些饰品，如灯具等，以柔化石材造成的硬朗的感觉。

2. 雕花屏风玄关

可由传统材质（中式花格屏风）和现代材质（玻璃）相结合构成，具有通透的特点，看起来比较现代。适合中式或中式混搭风格。

3. 纱幔玄关

一种比较现代的玄关类别，具有柔美的特点，一般框架为钢结构，里面采用蓬纱，并用螺丝拧接。色彩可采用中国传统色，如酱紫色、中国蓝、黄色、红色等大的色块。色彩构成方式上，可采用西方的色彩构成，用黄金分割比将色块割开，然后重新组装到一起，既传统又时尚，适合于女性居所。

4. 镜子、玻璃玄关

其优点是采光好、轻盈，适合于小户型。进门玄关处家具可选择比较简洁的，如铁艺类家具，能够使空间显得更大一些。

具体的玄关选择可根据居室大小及采光情况来定。

跃 林

森林的欢快与寂静

森林是个双面元素，我们可以在森林中游戏、战斗，也能在森林中品茶、休憩。将深邃的森林带入家中，自由而美好。

跃　林 森林的欢快与寂静

YUELIN

房间评价
改造前

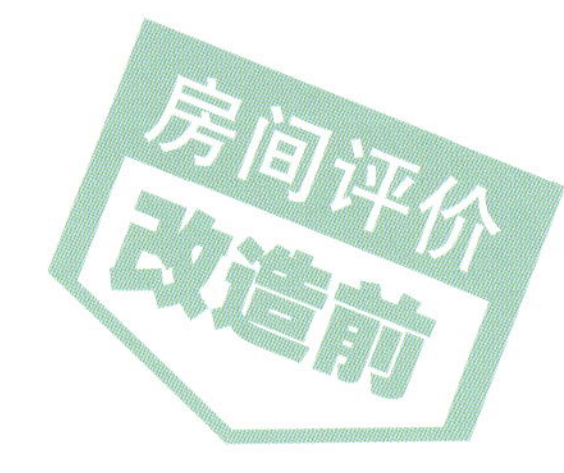

改造前评述：

客厅非常小，也没有独立的餐厅，东西都杂乱地摆放在一起，储物空间很少，也没有宝宝玩耍的地方。

房主故事：

房主需要一个单独的房间，主要就是为了以后可以和孩子生活在一起，父母过来也能有休息的地方。东西比较多，需要增加储物空间。整体风格希望简洁大方。

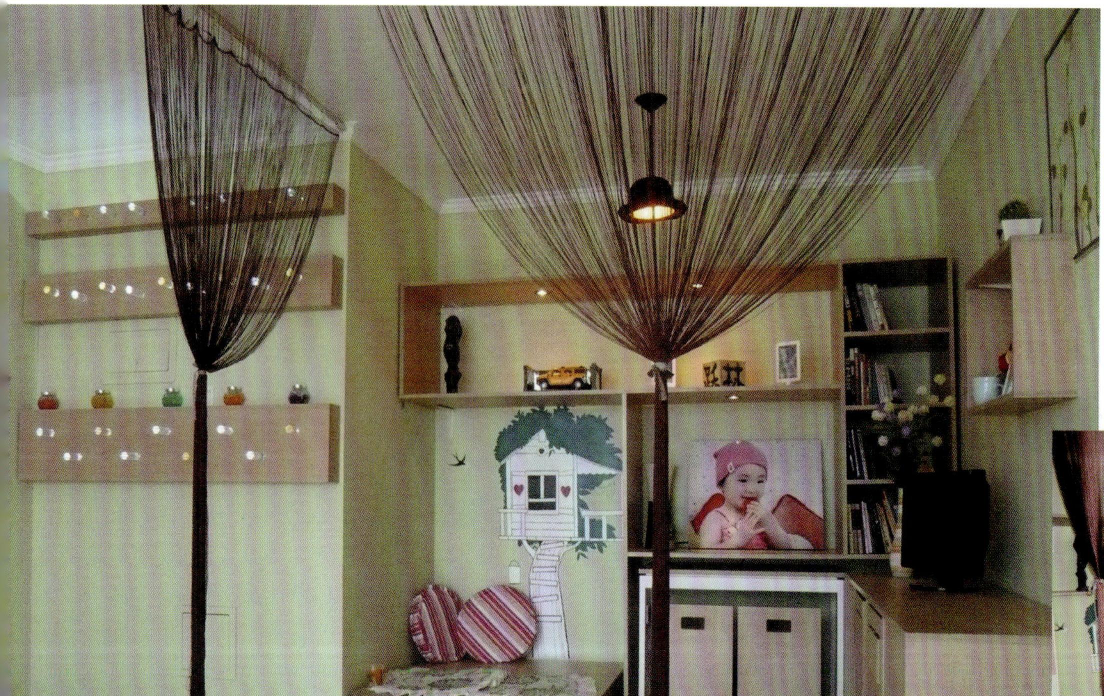

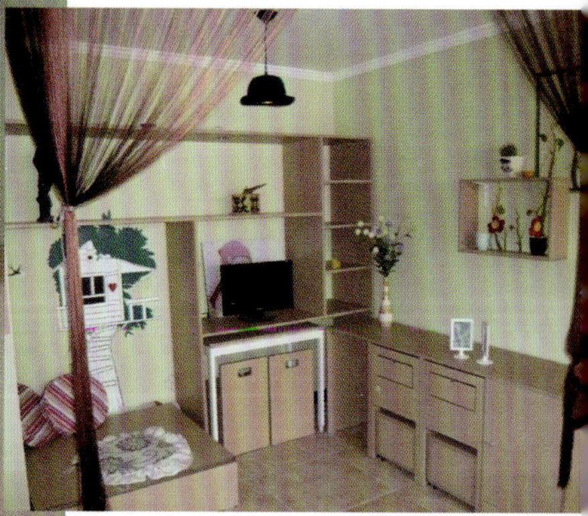

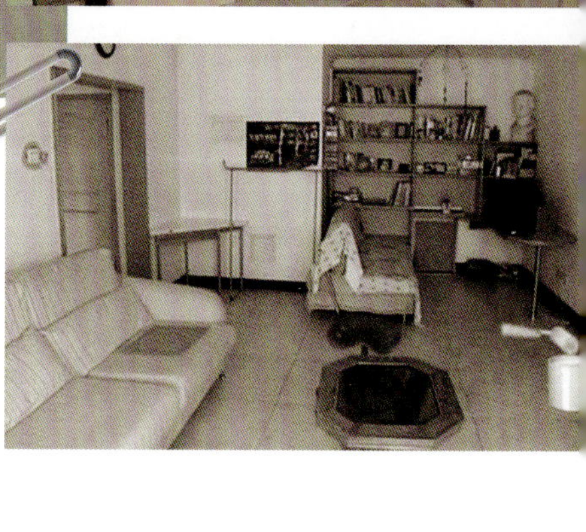

设计师：郝 玉
毕业学校：北京工业大学
从业时间：4年
设计理念：好的设计是设计给人用的，而不是设计给人看的。

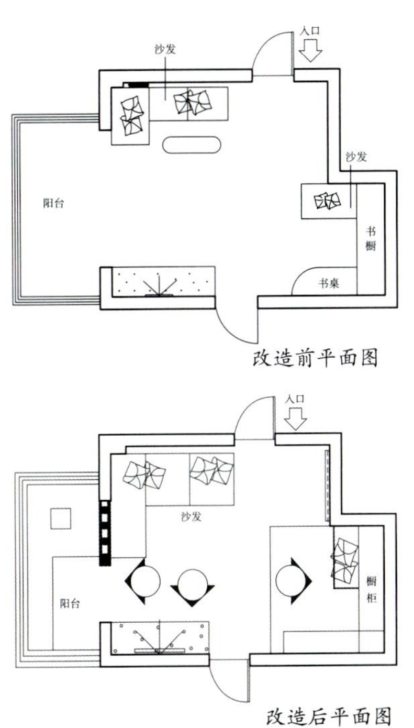

改造前平面图

改造后平面图

在这个小小的空间内，解决了这个家庭的儿童房、书房、餐厅等功能的需求，在形式上也很美观，完全符合了主人的简洁大方的要求。与此同时又满足了强大的储物需求。

魔法01 百变床柜 软隔空间

可移动的暗藏床在柜子下面。这个床是由两个方形组成，折叠在一起的时候可以作为一个小型的休闲娱乐空间，同时，两个方块都能储物。在需要的时候，还能组合成为一张床，为孩子和父母使用。

柜子左下角的方形空白，是专门为折叠床留下的空间，做一个小墙绘，能联系到电脑桌的墙面。

外围用垂帘做了一下灰空间的软隔断，很好地进行功能上的划分。

改造前

原来橱柜和沙发放在一起，显得很拥挤，空间也没有很好的利用起来。

1
3 2
4

①/② 组合床的旁边是一张暗藏餐桌和餐椅。房主家中没有餐厅，这是功能上的又一个缺失，在不影响空间正常使用的前提下，将餐桌、椅暗藏于柜子下面，既美观又实用。

③/④ 电脑桌的位置没有变，原因在于，这不仅是男主人上网娱乐的区域，同时也为孩子以后的生活考虑，是一个很好的书房。功能上的优势在于电脑桌下面暗藏了 4 个凳子，而且具有相当大的储物功能。

改造前

改造前没有餐厅，这是功能上的一个缺失 。

魔法03
一体手绘墙 灯光衣挂墙

1 | 2

① 电脑桌上方的墙绘，方块形的木架里的墙绘和床头的墙绘相映成趣，相互呼应，成为一个整体。

② 整个墙面做了一个装饰与功能相结合的衣挂墙。木板内镶嵌亚克力透明圆柱，内暗藏灯带。实用美观不分家。与之相呼应的是电视高台，同样的原理，荧荧发光给人一种温馨的安逸感。

改造前

改造前入门的墙面没有很好处理，配电箱暴露在外面影响美观，衣物也显得很杂乱。

① 电视的背景墙仍然采用展示格的形式，大小不一，可以展示各种规格的物件，着色鲜艳，即使没有放满，也是很好的装饰。

墙面的又一特色是采用立体的墙绘手法，将平面的图案三维立体化，将房顶无限向上延伸，体现了森林的茂密。这样的手法同样解决了房主室内客厅房高不足的缺陷。

② 阳台上的柜子，增加了储物空间，绳节做成的帘子使整个空间显得通透起来。

1
2

改造前的房间高度不够，显得很压抑。

成本开销

木制作：3000 元 **床品装饰：4000 元**

地板：2000 元 **工艺品：500 元**

本案色调

主色调 + 搭配色调  +  

现代混搭风格

在居住空间设计中，最头疼的就是现代风格，再多的储藏空间好像也很难满足生活需求，要保持一种洁净、空旷的感觉就很难。下图所示现代混搭是在客户入住半年后才拍摄，很能体现客户时尚前沿的生活方式。

自 然 阁

自然元素的生活

简单自然的装饰

带给人的都是精神上的富足

寥寥几笔的设计

都蕴含着强烈的生活主张

自然阁 自然元素的生活

ZIRANGE

改造前评述：

基本就是毛坯房，铺装了复合地板，白色墙漆，没有灯光，只是简单地摆放了一些旧家具，没有收纳功能，连基本的客厅功能都不齐全，感觉没有生活气息。

房主故事：

两位合住的单身男孩，年轻演员，时尚、有朝气、有个性。希望设计后有突出的风格，并且增加收纳功能。

设计师：肖毅峰
毕业院校：景德镇陶瓷学院
从业时间：10 年
自然阁设计理念：避开那些设计喧嚣 回归自然元素

在现代的都市里，处处可见奢华的装修设计、用金钱堆砌的喧嚣，我们生活的环境已经被这种喧嚣包围，该是革命的时刻了。设计师以全新的自然风格设计这个简单、原生态的空间，原木、绿植、原始钢架、实木家具这些属于自然的、原生态的元素，将它们组合成一个低造价、环保、清新，而又个性十足的空间。它很实用，收纳功能很足，也很特别，给人全新的视觉享受。

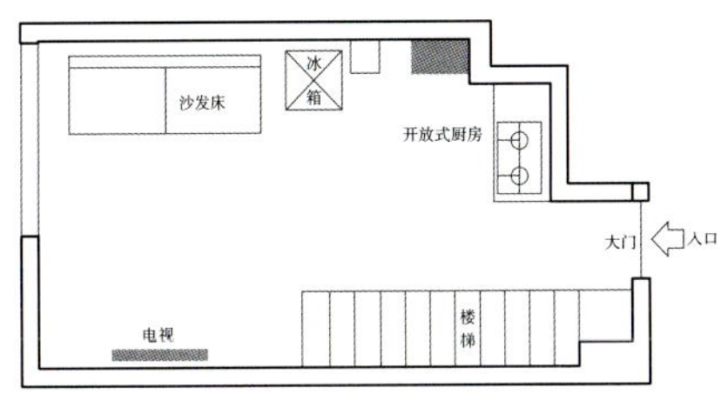

改造前平面图

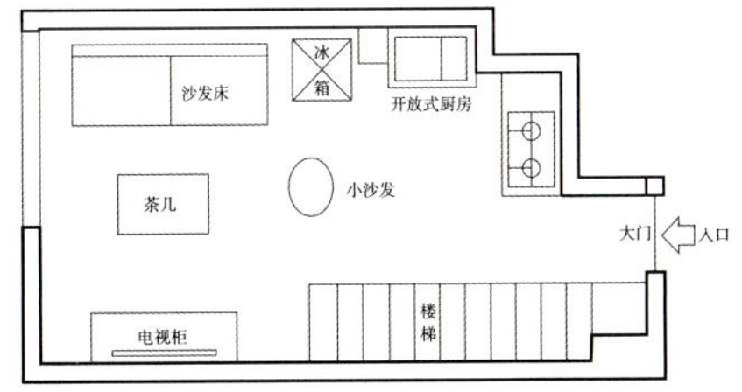

改造后平面图

魔法01 个性吊顶

在房间原有的钢架屋顶下直接悬挂集成实木板，每张板材的造价不过 100 元出头，4 块板材就可以吊完整个顶面，加以设计的变化，让它错落有致。

木质吊顶局部掏空，加上几块画布，背后衬上灯光，既是装饰，也是灯具，很有特色，造价极低。

实木板高低错落，悬浮于空中，形成活的顶面空间。原来的绿色钢屋顶部分外露，若隐若现。

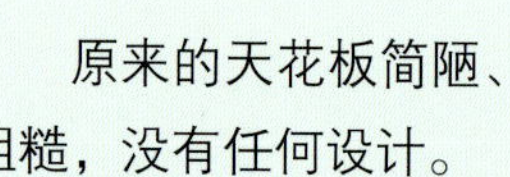

原来的天花板简陋、粗糙，没有任何设计。

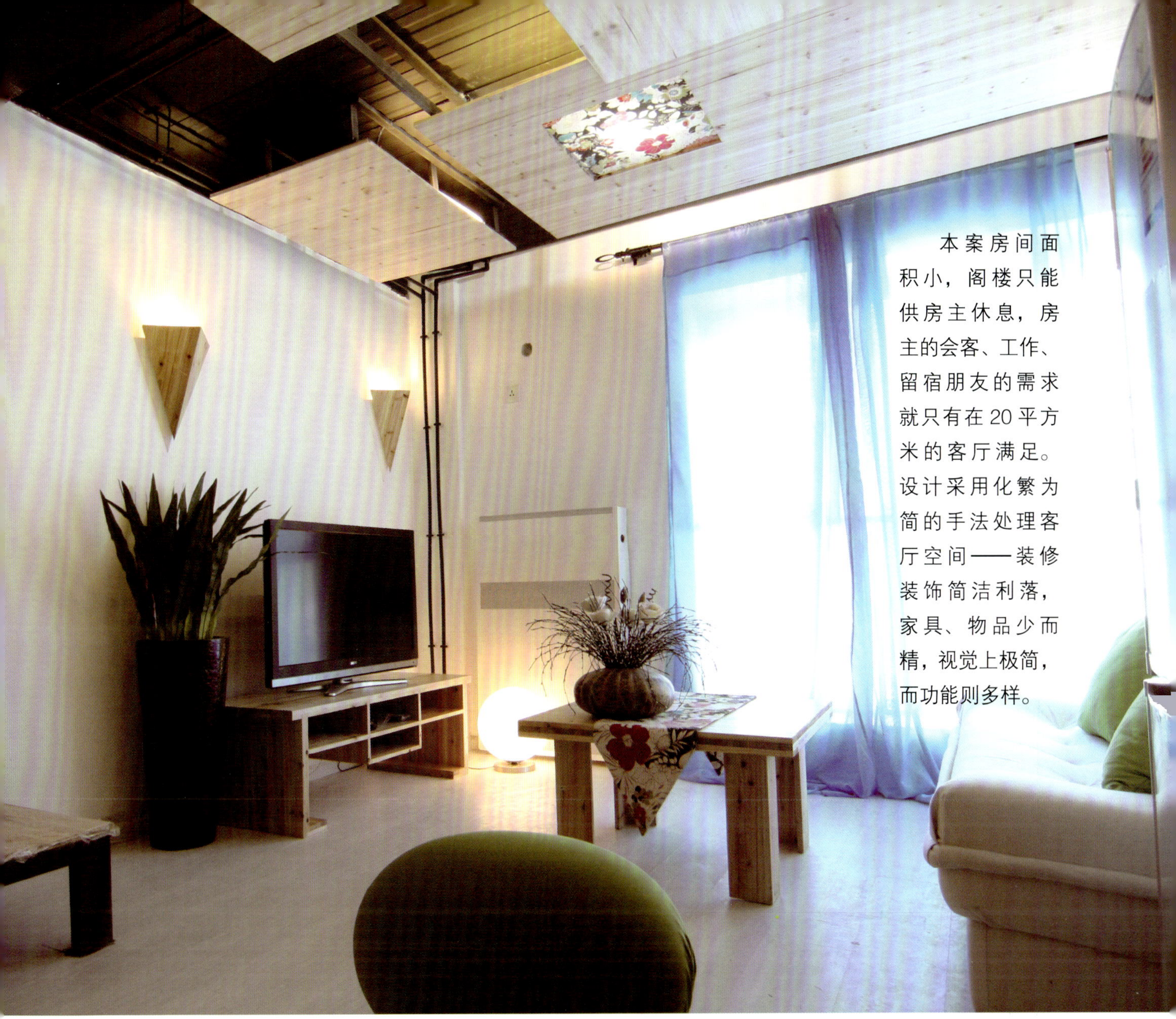

本案房间面积小，阁楼只能供房主休息，房主的会客、工作、留宿朋友的需求就只有在20平方米的客厅满足。设计采用化繁为简的手法处理客厅空间——装修装饰简洁利落，家具、物品少而精，视觉上极简，而功能则多样。

1
2

❶ 壁灯绝对是低造价和环保的最佳结合体，造型简洁，个性十足。两个同样的三角体挂在墙上，就出现了有层次、有质地的壁灯。

墙面不用什么特别材料，就是白色环保乳胶漆， 配合绿色仿真树叶点缀。白与绿是最好的对比色，让人清楚地感受到绿色在这个环境里的突出 。

木质茶几可兼作饭桌、电脑桌。皮质沙发床坐卧两用，色调与白墙呼应。

❷ 东、西两面墙的绿色仿真树叶装饰呼应，映衬出房间的活力。

魔法03 楼梯下的储物空间

运用低造价和环保的手法处理房子原来的钢架楼梯，将其改造成一个多功能钢架楼梯。楼梯重新刷涂为黑色，再用集成板材处理踏步和扶手，整个楼梯清新、雅致。

楼梯下方简单地安装几块隔板，加上挂衣配件，就自然形成了一个开敞的储物空间，可以挂衣服，放置包、鞋盒等。

改造前

原钢架楼梯看上去有些单调、乏味。楼梯下空间没有进行分隔、规划，显得有些杂乱。

魔法04 厨房化碎为整

厨房仍做成开放式的，黑色的腰线和整体橱柜把原来分开的洗菜池和灶台连在一起，形成完整的操作空间，储物功能更强。

开敞吊柜，可以放酒、茶杯等。

厨房操作台上局部墙面使用黑色镜面材料，色调与楼梯、顶面呼应，又耐脏污，易于清理。在视觉上也十分协调。

橱柜也采用木质，自然、环保。灶具内嵌处理。

原来的开放式厨房布置得零零碎碎，未能有效利用空间。

成本开销

墙漆： 400 元　　**沙发背景：** 320 元　　**自制家具：** 3600 元　　**灯具：** 680 元

储物及楼梯改造： 1300 元　　**茶几：** 420 元　　**沙发：** 1200 元　　**其他：** 430 元

顶面改造： 1200 元　　**自制灯具：** 360 元

本案色调

主色调 + 搭配色调 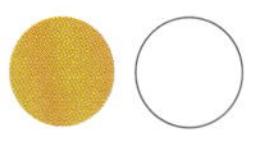 + 

实木天花板与小空间的打造技巧

对于原始有钢架结构的房子，一般都是石膏板吊顶，本案设计保留原始钢架结构，直接用实木板挂吊，安装方法简便，只需要几根龙骨便可固定，既然用实木吊顶了，原木色正好带来自然气息。

空间利用对一个小户型来说是很重要的，一般小户型设计都要用逆向思维，打破常规约束，利用好户型自身的特点，这样才可能更好发挥它的空间特点。

妙不可言的艺术都是玩出来的

明亮的色彩，仿佛被奶油蛋糕冲刷

花田的花儿，带给我们无限美好

让心灵荡涤烦恼，体验舒适自在

春天的约会 妙不可言的艺术都是玩出来的

CHUNTIAN DE YUEHUI

改造前评述：

居室空间采光不足，没有收纳功能 ，东西摆放略显凌乱。希望设计得温馨浪漫，并且有足够的储藏空间。

餐厅的采光不足，绿色的墙面略显沉闷。原有玄关里的卫生间门口正对客厅，需要做改变。针对房主要求，风格要自然纯真，又不失田园浪漫。

房主故事：

这是个三口之家，有个一岁的小孩，所以小孩玩具和生活物品的堆放随处可见，改造前，两位主人对如何解决杂物的堆放问题感到烦恼。

设计师：黄林妮
毕业院校：湖南工程学院
从业时间：6年
设计理念：妙不可言的艺术都是玩出来的。

房间评价 改造后

明亮的色彩，仿佛被奶油蛋糕冲刷后的墙，以及花田里的薰衣草、玫瑰花、吊兰为整个家居的基调，追求心灵的自然回归感，让人体验到舒适的家庭归属感，而忘记掉现在工作生活的快速节奏和压力，享受自然纯真的悠闲，满足业主对浪漫的向往。从阳台望眼客餐厅，柔软花瓣的布艺沙发与米黄色的墙面融为一体，让人充满了无限的想象。框中有画，画中有框，暗红色仿古砖的电视墙配以欧式田园碎花的沙发，透露出一种生活的真实和惬意。随意摆放的相片墙、墙角手绘的小花、铁艺角花。工作一天回到家，眯着眼，便可以感受到大自然在亲吻你的额头，嗅到田园中花朵的芳香。这一切彰显出一家三口自然甜蜜温馨的生活氛围。

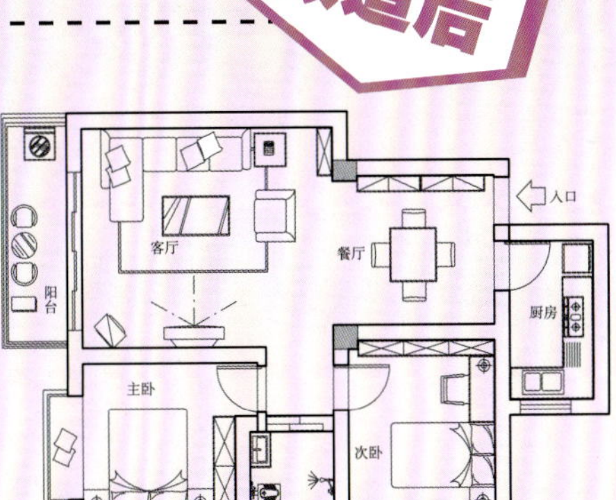

改造前平面图

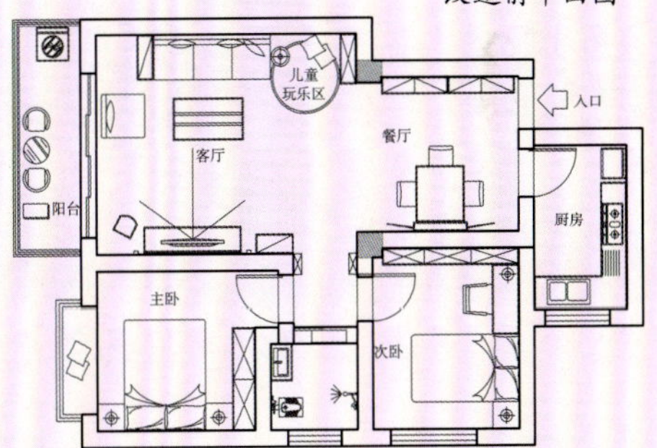

改造后平面图

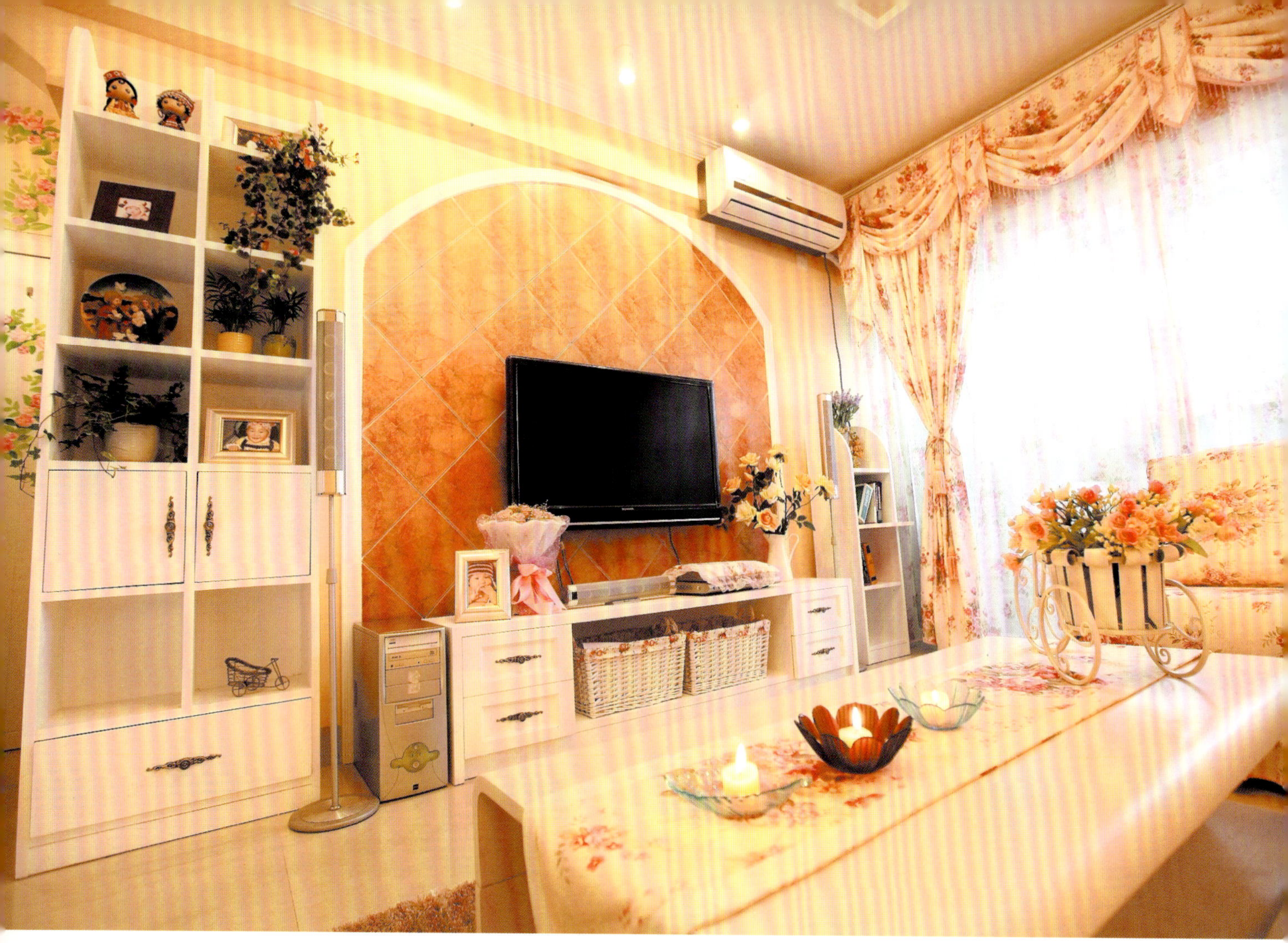

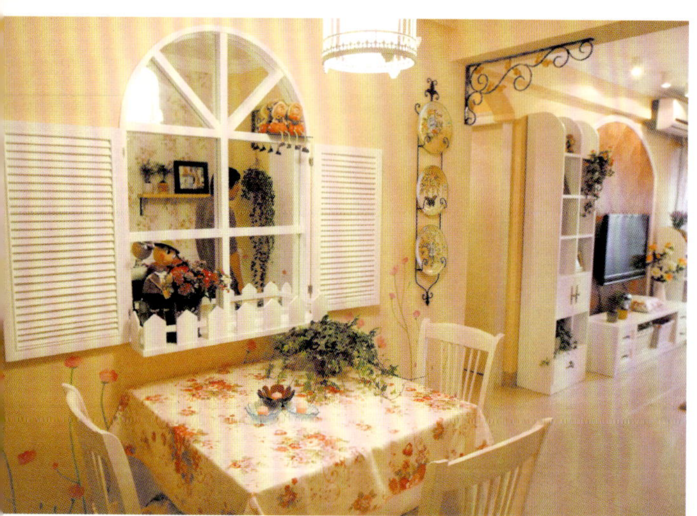

1 电视墙采用的是有些偏红的树叶暗纹的仿古砖。

2 原始餐椅是造型简单色彩跳跃的塑料椅子，把它换成和风格相呼应的原木椅。改造后，把户外的小窗搬入了餐厅，并且用银镜做底，整个餐厅的空间感放大。

改造前

改造前餐厅与客厅分区不明确，储物功能少，所以空间物品摆放显得凌乱。

魔法01
仿古砖电视墙 靠小窗餐桌

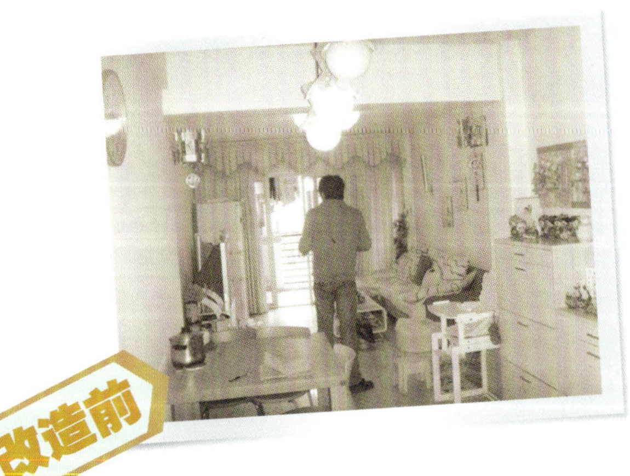

1
2

1
2 3 4

1 布艺、小碎花是整个空间的典型代表，布艺的窗帘，桌布、墙纸以及室内家具设备的罩布都可以采用小碎花，增强乡村田园的浪漫感。

2 原玄关里的卫生间门口正对客厅，改造后把整面推拉门做成手绘装饰墙，玄关的枝蔓攀爬一直延伸到顶部。

3 / 4 绿色植物的适当装饰也是不可忽视的，客厅显眼处的几盆插花，装饰架上的吊兰，在居室内打造一片充满绿意的世界，与田园风格的家居相得益彰。

成本开销

沙发背景：1650 元
沙发 + 茶几：2800 元
电视背景：1250 元
餐区改造：1800 元
灯具：1350 元
门厅改造：400 元
其他：750 元

本案色调

主色调 + 搭配色调

如何打造田园风格

打造田园风格空间，重要的是整体花色的选择，而整体花色的确定重点在于墙体、布艺和家具的定位。蕾丝、纱质的窗帘、床单、桌布是风格组成的要素。沙发的花色、蕾丝台灯罩和椅罩更显柔媚粉色壁纸布艺谐调统一，营造出一个玫瑰般甜蜜的家居空间。花卉图案的窗帘和墙纸，再加上散落于各个空间的手绘图案盆盆罐罐，很容易就让人沉浸在田园风格的清新惬意、雅致休闲的氛围之中，顿生自在闲散之心。

打造田园居室常用的装饰材料有：

天然板岩：由天然石材粗加工而成，加以斧劈刀凿。它的自然古朴是设计师眼中的最爱，壁炉、踢脚线，哪一样都少不了它。

铁艺：这是田园风格材料的精灵，或为花朵，或为枝蔓，或灵动，或纠缠。用上等铁艺制作而成的铁架床、铁艺与木制品结合而成的各式家具，让乡村的风情更本质。

百叶门窗：百叶门窗一般可做成白色或原木色拱型，百叶门除了作为普通门的功用，还可以作为隔断使用。

墙纸：砖纹、碎花，藤蔓，有着千变万化图案以假乱真的墙纸，给苍白的墙面带来无穷的生命力。贴有花朵图案的墙壁，成了田园牧歌的背景。

彩绘：彩绘是家具上或墙壁上手工描绘山水、仕女、花草、抽象文字符号等图案，加之粉饰做旧漆或开裂漆，营造出整体家居的古典浪漫或乡村民俗风格。

花色布艺：棉、麻布艺制品的天然质感恰好与乡村风格不事雕琢的追求相契合，而花鸟虫鱼等图案的布艺则更体现出田园特色。材质上本色的棉麻是主流，花色上单色不再流行，各种繁复的花卉植物，鲜活的小动物和明艳的异域风情图案更受欢迎。

芳香花卉：较男性风格的植物不太适合田园风情，最好是选择满天星、薰衣草、玫瑰等有芬芳香味的植物装点氛围。同时将一些干燥的花瓣和香料穿插在透明玻璃瓶甚至古朴的陶罐里，还可在窗外沿墙种一些爬藤类植物，更增添田园风味。

夏日小夜曲

只要一个宁静的角落

在喧闹的都市

有一个温情空间

安放我们柔软的心

丢弃过度的奢华

扔掉繁复的装饰

只要一个宁静的角落

一盏温暖的灯

一座舒适的沙发

回归幸福生活的简单本质——

家是让人安心的所在

夏日小夜曲 只要一个宁静的角落

XIARI XIAOYEQU

改造前评述：

这套不算太旧的二手公寓房里空空荡荡，除了临时拼凑来使用的沙发、小桌和圆凳，几乎没有正式的家具。以往装修留下的灯饰和壁柜，与重做的壁纸格格不入。全新的电视放置在样式过时的矮几上，孤零零地立在房间一角。整个空间缺乏规划，确实需要认真打理一番。

房主故事：

年轻的博士夫妇，他和她共同构筑的家庭期盼着温馨和安宁的幸福，购入二手房改造新房，准备着开始人生新的阶段。

由于工作繁忙，这对新婚夫妇难得在家，业余时间都希望得到充分的休憩，喜欢慵懒、舒适的风格。他们讨厌原来的小沙发，讨厌客厅没有储物空间。男主人梦想有个书房，装下他多年的藏书，让他能安静地阅读；自幼学习钢琴的女主人，则憧憬着地中海风情的浪漫家居。

房间评价 改造后

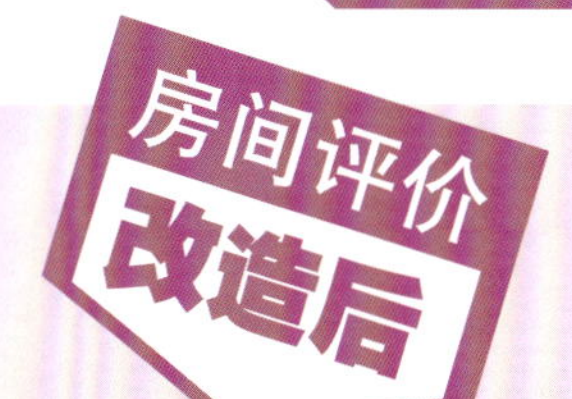

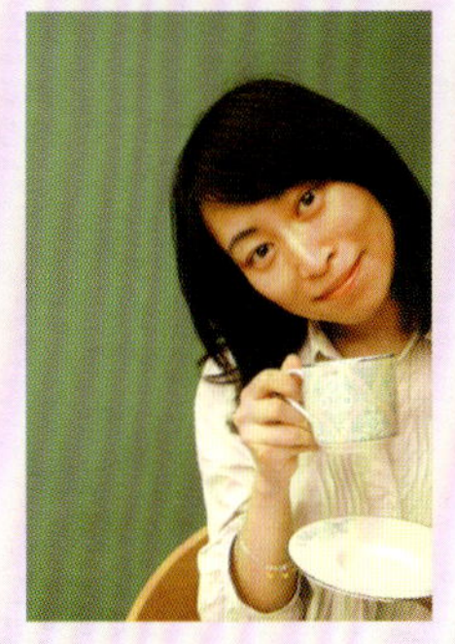

设计师：张雪琪
毕业院校：西南交通大学
从业时间：6年
设计理念：好的设计，是用心发现生活的自然产物。

本案选择白色这种中性色作为基调，搭配迷人的蓝和清新的绿，同时运用暖色光源来营造亲切的氛围。平面布局上运用书柜这一元素分割了客厅和餐厅两个区域，同时满足了业主喜爱阅读的需求。在墙面装饰上将平面的墙贴和立体的空间装饰物相结合，用框景的方法，让画面更有立体感。

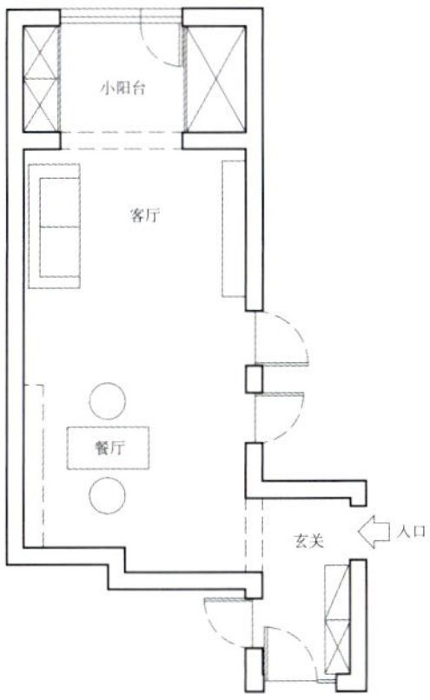

改造前平面图

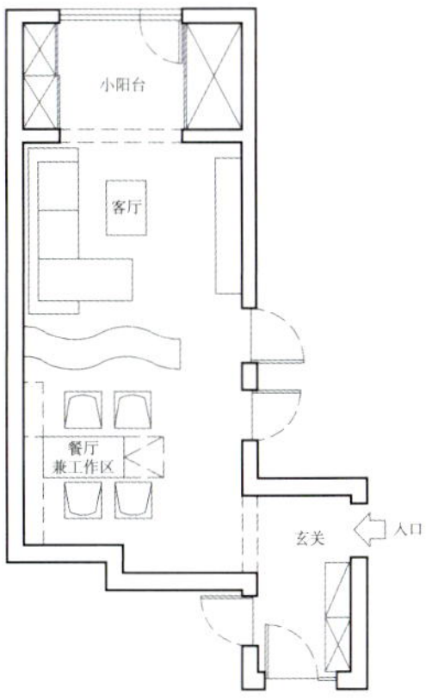

改造后平面图

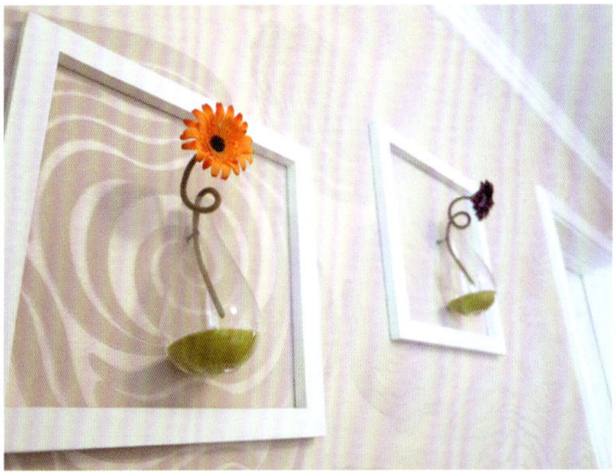

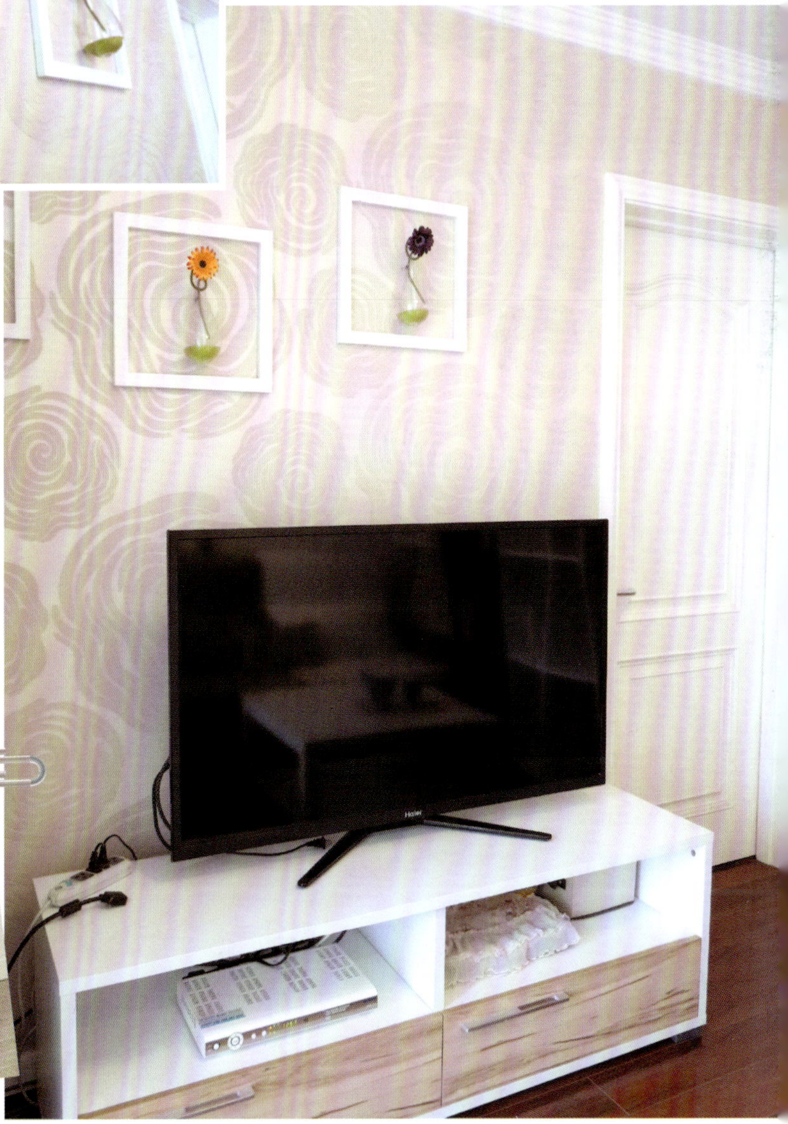

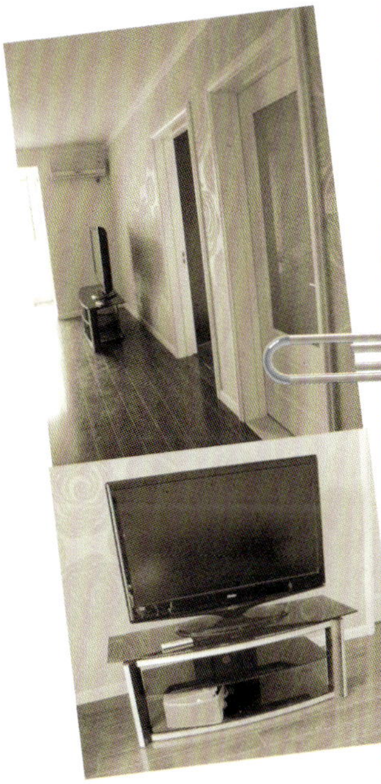

魔法01 打破格局 重塑空间

改造时打破了这个空长方形格局，用流线型的书柜作为用餐区和休闲区的分隔，形成隔而不断的两个活动区，真正充分利用了空间。

餐厅选用垂挂的巢状球灯，柔和地照亮桌面。

改造前

原有的壁柜在进门正对的位置，家具都靠墙分布，给空间留下了大量空白，但并没有让家庭活动更方便，反而使用餐和取放储物相冲突。

房主夫妇都是爱书文人，繁忙的工作之余就喜欢读书，所以改造时放大了书柜这一要素，让它成为空间的一个重点。流水一般的曲线造型使分隔显得灵动而不生硬；透空的结构让光线可以穿过，照亮用餐区；格子的尺寸能够满足大多数书籍和物品的存放，并且可以便捷地从两边拿取。

魔法02
书柜满足阅读需求

改造前

原来这套不大的公寓里没有书房。

魔法03 色彩是家的表情

受到女主人自幼学习钢琴的启发，设计师重新搭配了空间的色彩，纯净的白、迷人的蓝和清新的绿，颜色像音符一样在空间中跳动，同时运用暖色光源来营造亲切的氛围，令人联想到细白的沙滩、蔚蓝的海洋和新绿的植物，让家的表情变得动人。

改造前

改造前客厅的色调是一种奶油黄色，在这个四季都有强烈阳光的城市，这样的配色让人感到很黏腻，尤其是在炎热的夏天里。

魔法04
有去有留 创新不浪费

原有的金属百叶完好如初亦不影响美观，所以改造时只拆除了壁柜的上半部分，刻意保留了下半部分，使原来很高的壁柜变成一个餐边柜。

拆除后留下的空间做了隔板架和照片板，可以搁置小物、贴照片和留言，成为开放式的家庭生活展示区。这样既达到了美化的效果，保证了功能的完整性，又减少了浪费。

改造前

原来客厅的暖气片藏在壁柜的下面。

展示也是一种沟通。平日积攒的小物件正是共同生活的点滴体现，在家中为它们找到展示的地方，每天看着也会觉得幸福吧。改造时，设计师为空白墙面配上了钢琴键造型的挂钩，并用装修板材的边角料自己动手画了5个小房子送给房主夫妇，祝福他们在今后的生活中用心共筑有爱的家。在配饰的选取上，为满足女主人的憧憬，多选择蓝白搭配的地中海风格摆件。清新的色彩和手作的质感，让室内仿佛有自然的海风吹过。

将平面的墙贴和立体的空间装饰物相结合，让画面更有立体感。改造中用框景的方法，像是在真实的风景里架起了一个画框，同时框住了一段美妙的诗句，让原本平淡的画面更具诗意。

魔法06 自然简约的客厅

新的电视柜造型简约，白色和木色的搭配显得清新自然。

电视背景墙保留了花朵图案的壁纸，同样运用框架和立体造型的手法，白色景框搭配水滴形的别致花瓶，呼应了沙发背景墙的作法。

宽大的新沙发配可以移动的腰靠和脚凳，更灵活、更舒适。

新的流线型洗墙灯简洁美观，给背景墙充分的重点照明；客厅主灯则选用云朵造型，躺在沙发上瞥去一眼，真如闲云般惬意。

改造前

改造前的电视柜、顶灯和洗墙灯等样式老旧且不美观。

成本开销

书柜：2300 元	**墙面隔板：180 元**	**墙面镜 + 花瓶：629 元**	**沙发区域：4360 元**
灯具：290 元	**墙面装饰：62 元**	**餐桌椅：1360 元**	**钢琴键衣钩：95 元**
窗帘：628 元	**其他：96 元**		

本案色调

主色调 + 搭配色调   +  

光和色彩，赋予空间生命

在光源的选择上，一般选择偏暖的光色，使居家氛围温馨柔和。在灯具的选择上，首先根据个人需求确定种类，应注重和整体设计相协调。选择一组灯作为主要照明灯具时，可以利用灯具形状、大小和垂挂高度的变化，来丰富空间的节奏。

通常一个空间里大面积出现的色彩不宜超过 3 种。选择装饰品的色彩可以从空间中找到线索，选取大面积色彩的同系色或对比色，都可以达到很好的效果。例如，购买沙发抱枕，可以从已选定的墙漆或墙纸、地毯、装饰画中提取相似的图案和颜色，让细节产生联系，从而使空间更有整体感。

“软硬兼施”——创造属于自己的家

在快节奏的都市生活中，家居空间选择简约的硬装，可以简化装修过程、减少材料浪费，并尽量避免潜在的装修污染，节省的资金还可以投入在软装上。软装元素多为成品或半成品，风格种类很多，选择范围很广，在有限的使用寿命中也可以常换常新。因此在家庭装修时，采取“空间规划→软装方案→硬装实施”的设计顺序，能够更有效的控制成本和效果，成功打造属于自己的家。

海派栖居

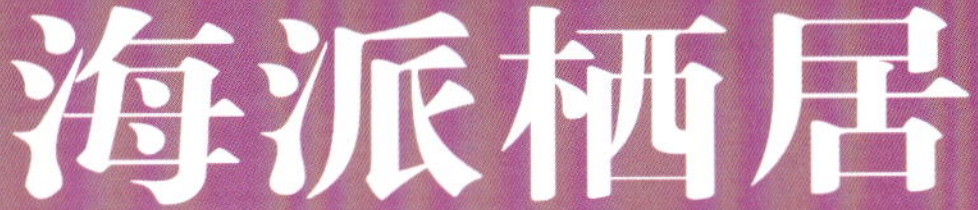

实用主义

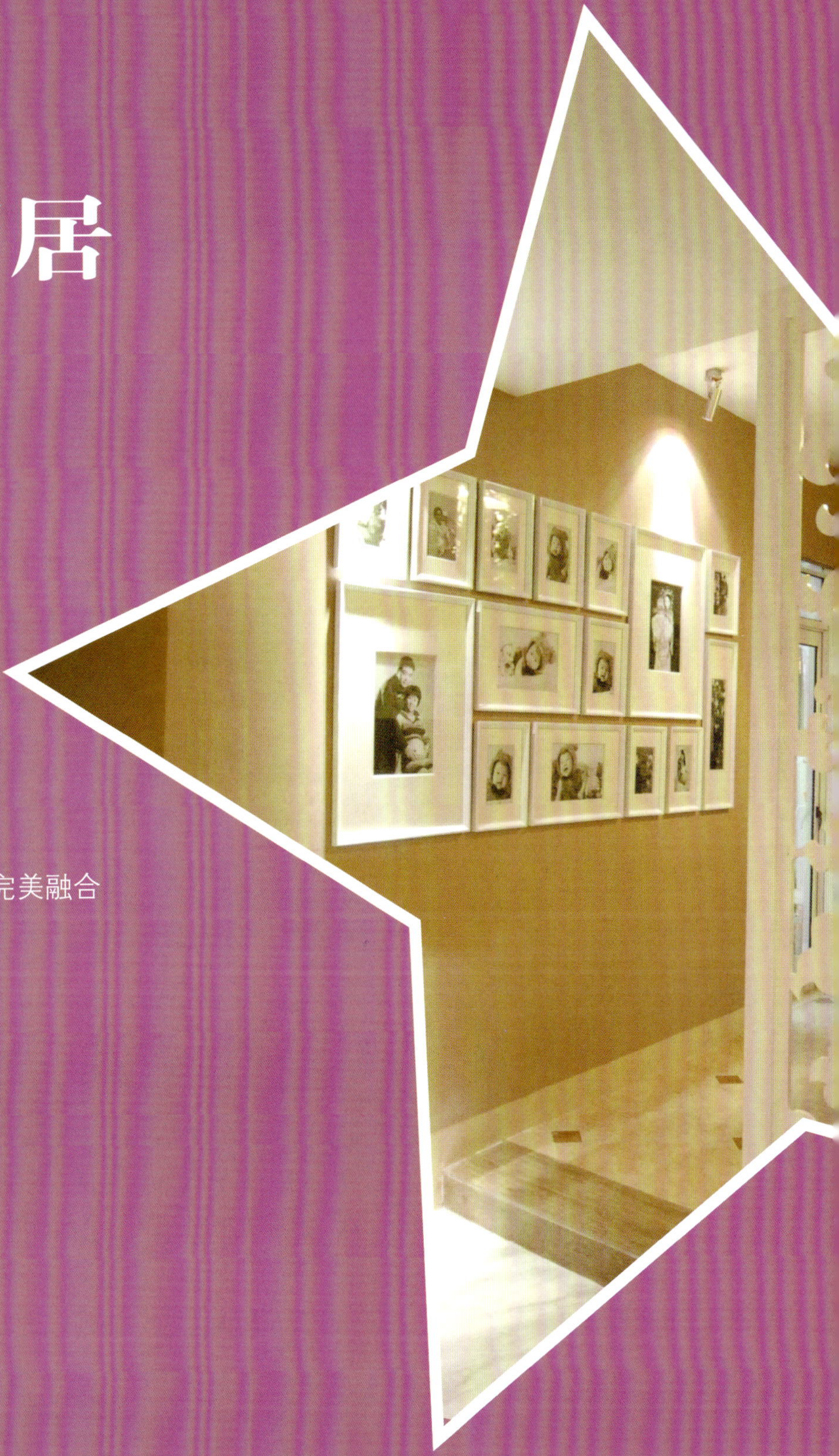

海派华丽与欧式典雅完美融合

空间细腻而精致

如一袭华贵的旗袍

海派栖居 实用主义

HAIPAI QIJU

改造前评述：

房子比较宽敞，餐厅处的地台是后期改造的，原始装修比较简单，白色的墙和深色的家具不能完全体现温馨的家庭感觉。希望打造一个温暖舒适的家居氛围。

房主故事：

一家三口居住，女主人钟情于亮丽的色彩和卡通形象，不喜欢深色和满墙碎花壁纸，而男主人则喜欢粉黛青瓦、小桥流水的中式风格。

设计师：马钦伟
毕业院校：桂林旅游高等专科学校
从业时间：8年
设计理念：个性而且实用。

本案使用海派的装饰手法，具有上海特色的装饰风格，使用木质雕花和定制家具，色彩使用中性色，中性色适合居住。居室空间的格局做了变动，电视柜的一体化设计改变了上下楼梯比较琐碎的面貌，木质雕花做餐厅的屏风，鞋柜不仅实现了它的使用功能性，同时还起到了玄关的作用。

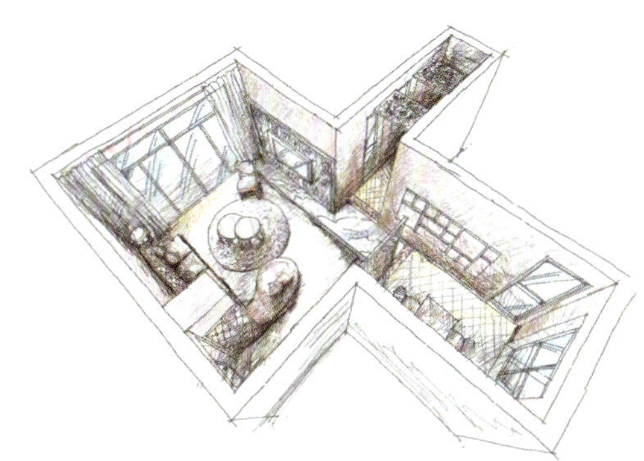

改造设计鸟瞰图

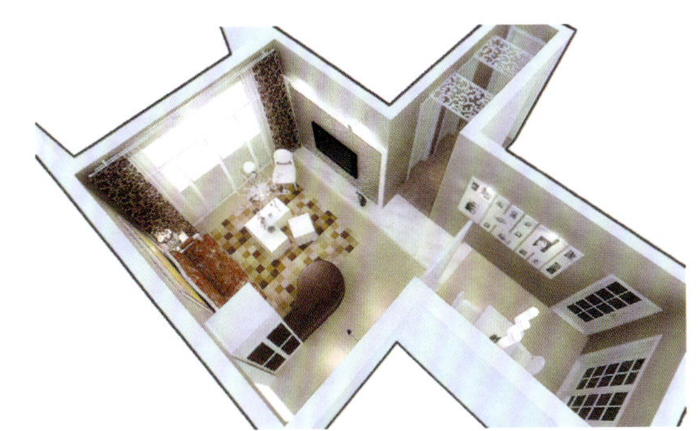

改造后鸟瞰图

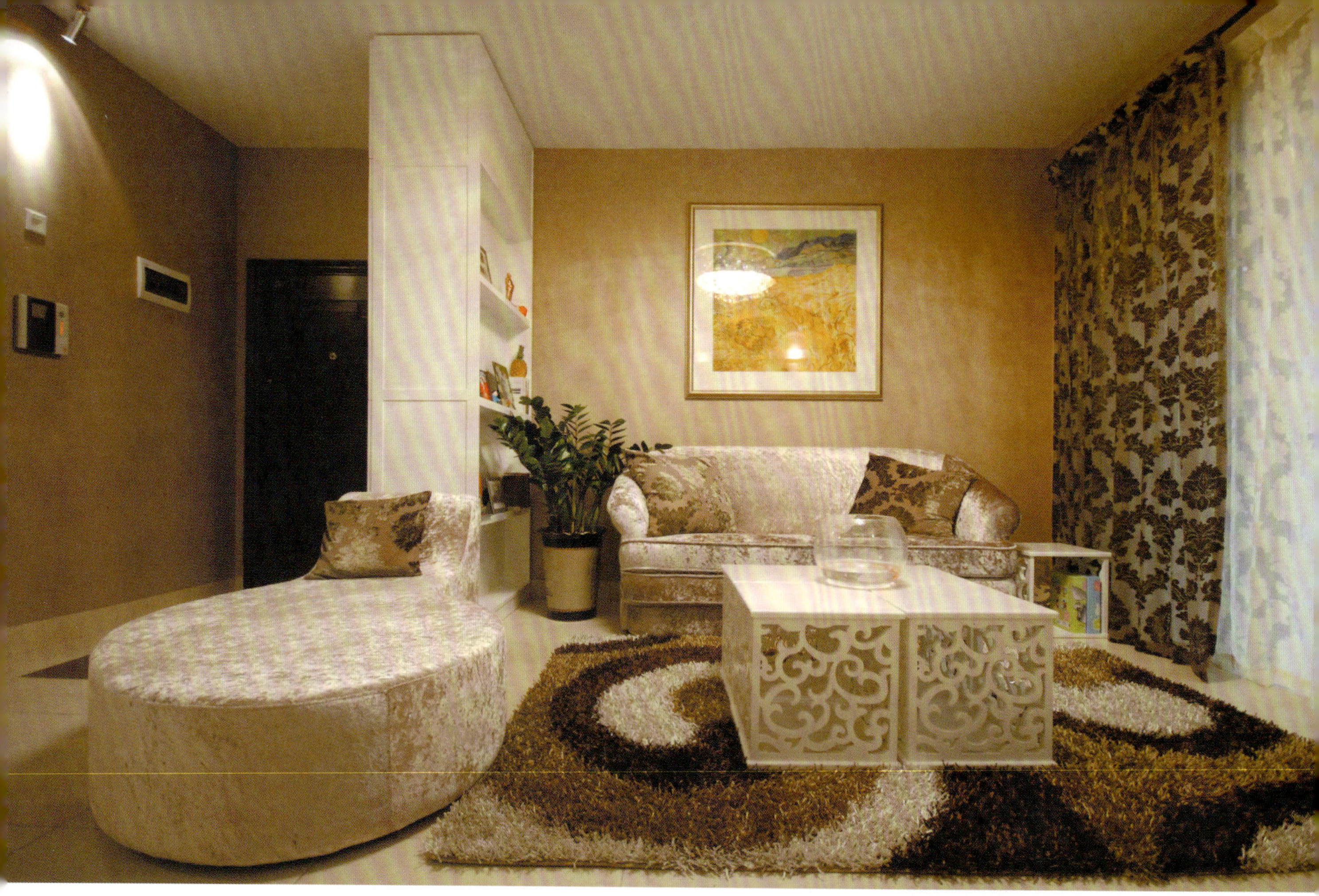

魔法01 划分功能、奢华浪漫的客厅

1
2|3

改造前

改造前客厅没有分区，略显凌乱。

① 改造后居室空间功能分区明显，鞋柜的多功能化，兼顾实用性、陈列性和美观性，深色的窗帘与中性色天鹅绒沙发互相呼应，尽显浪漫与奢华。

② 沙发背景墙装饰画为羊毛毡画，全手工制作，色彩鲜艳明亮，对沙发背景墙起到提亮的作用。

③ 可变幻的茶几，一物多用，既可以合并当作茶几，也可以拆开当作角柜或凳子。其镂花图案与餐区隔断风格相互呼应。

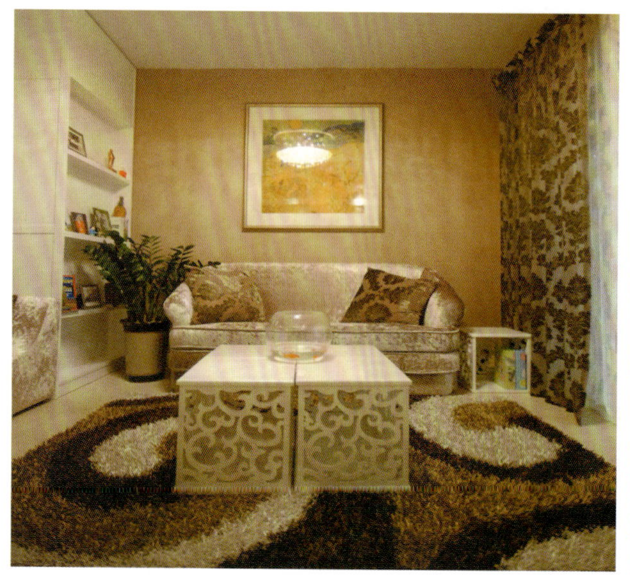

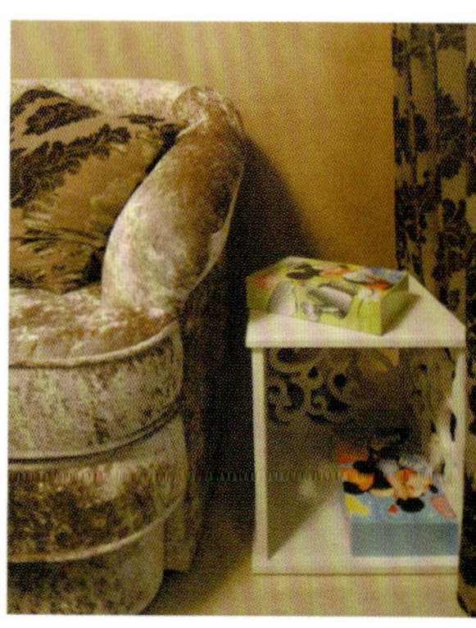

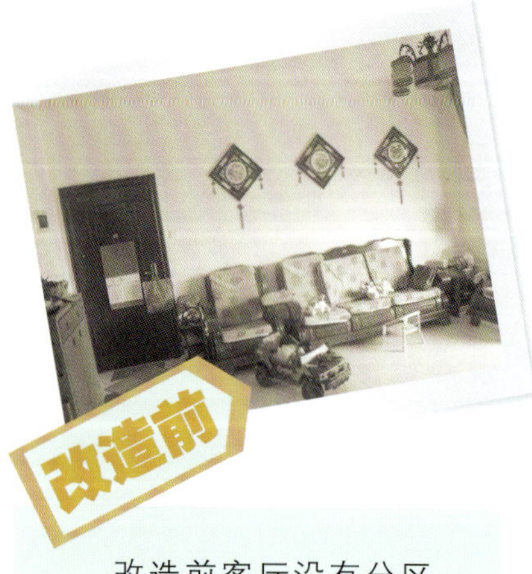

魔法02 雕花隔断和吊顶

1
2|3

① 原有的台阶拆掉后，做了木质镂空雕花的隔断，餐区和客厅进行了分区，同时又保持了通透性。白色的木质雕花，中式元素新用，清新优雅。

②/③ 过道吊顶采用木质雕花吊顶，与客厅隔断相互呼应。

改造前

改造前餐厅位于台阶木台之上，功能和装饰上都不合适。

魔法03
欧式电视背景墙典雅庄重

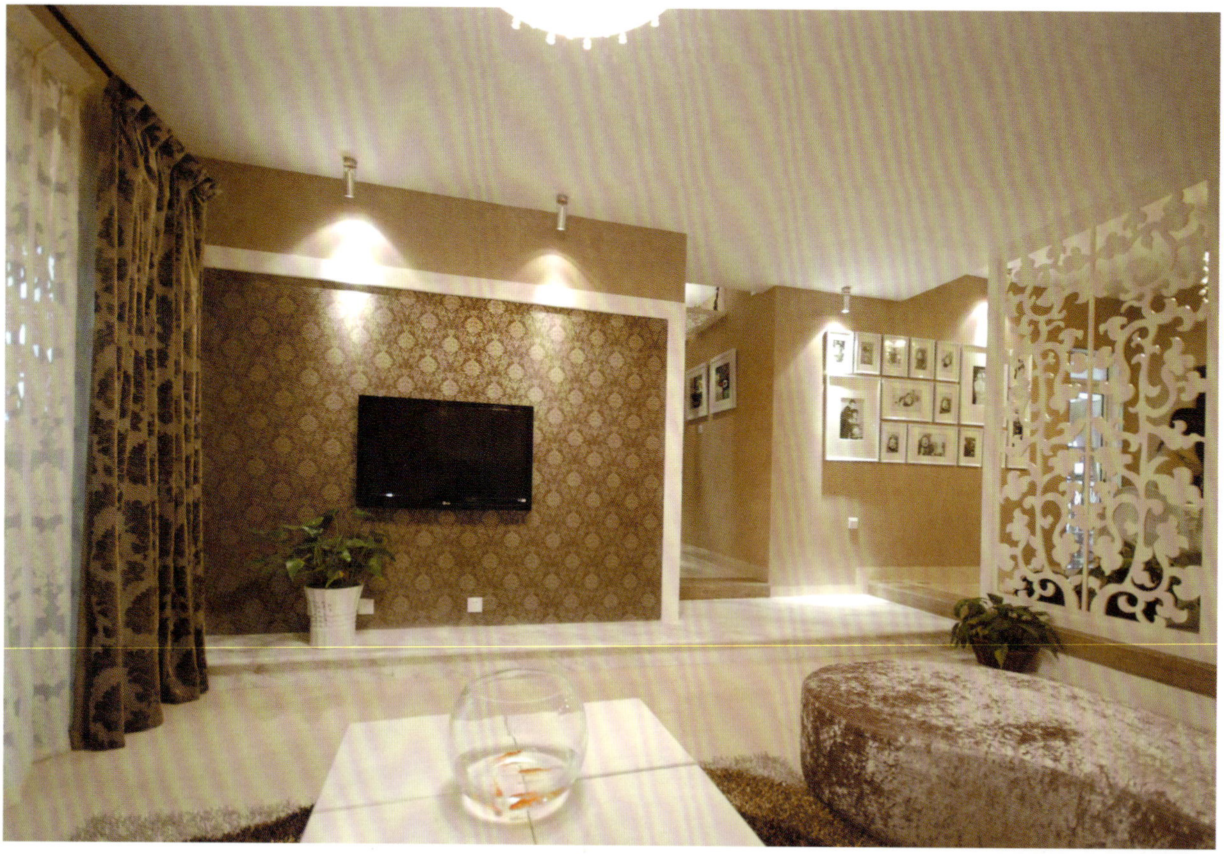

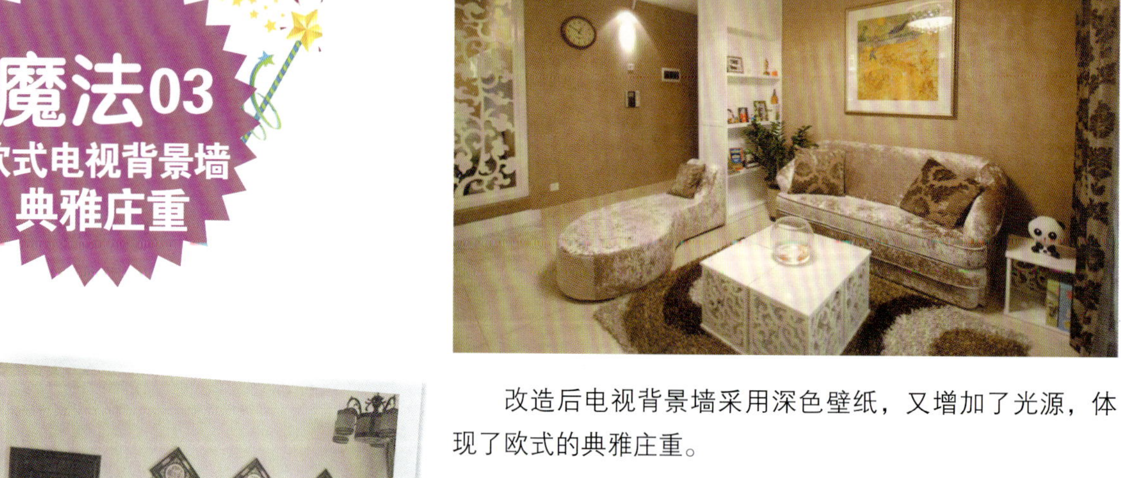

改造后电视背景墙采用深色壁纸，又增加了光源，体现了欧式的典雅庄重。

改造前

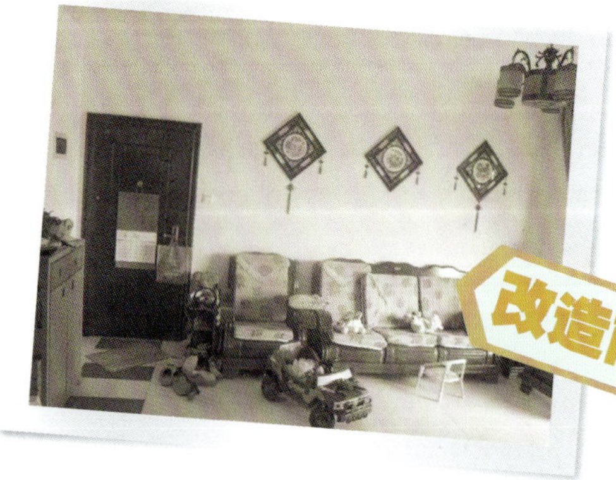

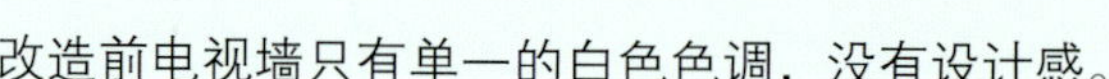

改造前电视墙只有单一的白色色调，没有设计感。

魔法04 定制家具+艺术照片墙

改造后餐厅设计是一个亮点，与设计风格匹配的定制家具，完美诠释了设计主题。

照片墙的设计，打破了餐区墙面的单调，使得用餐区充满艺术气息。

墙面装饰柜的设计也很别致，既美观，又实用。

改造前几乎没有餐厅的功能区域。

成本开销

壁纸：**2000 元**　**木雕玄关**：**1200 元**　**餐桌椅**：**700 元**

沙发地毯：**2300 元**　**茶几**：**400 元**　**装饰画**：**350 元**

定制家具：**830 元**　**大理石地台**：**550 元**　**窗帘布艺**：**870 元**

本案色调

主色调 + 搭配色调   + 

房子首先是要用来住的，家居装饰应该以人和家庭为中心展开，人和生活才是主角。不再追求个性的视觉与风格，只希望家可以让住在其中或偶尔来住的人都倍感温暖。心情不要被纷繁的视觉扰乱，色彩要协调，要恰到好处。实用的功能主义也很重要，满足功能需要，力求创造舒适的家居环境。设计中注重简洁、明快，强调以人为本，对复杂的造型要求越来越少，甚至抛弃使用功能不强的繁琐装饰。

夏日风情

度假的幸福感

艳丽的色彩、自然的元素、艺术的装饰、奢华的风情扑面而来，无论是倚靠阳台，或蜷腿喝一杯红茶，阅读一本小说，还是慵懒地躺在沙发上看电影，度假的幸福感油然而生。

夏日风情 度假的幸福感

XIARI FENGQING

改造前评述：

房间评价 改造前

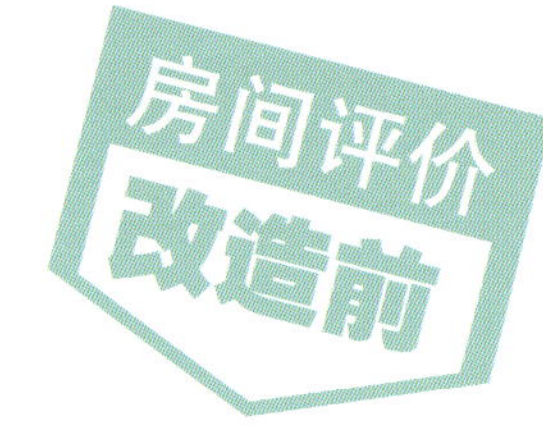

房屋是 2005 年的新房，当初为简单装修，基本没有设计，收纳空间比较少，希望房子有一个大的改变。

房主故事：

一对年轻夫妻，热爱生活，兴趣广泛，结婚后住在简单装修的居室里，总是找不到家的感觉。对空间改造的述求是：也想换一个与空间匹配的沙发、背景墙等，风格方面设计师可以自由发挥。

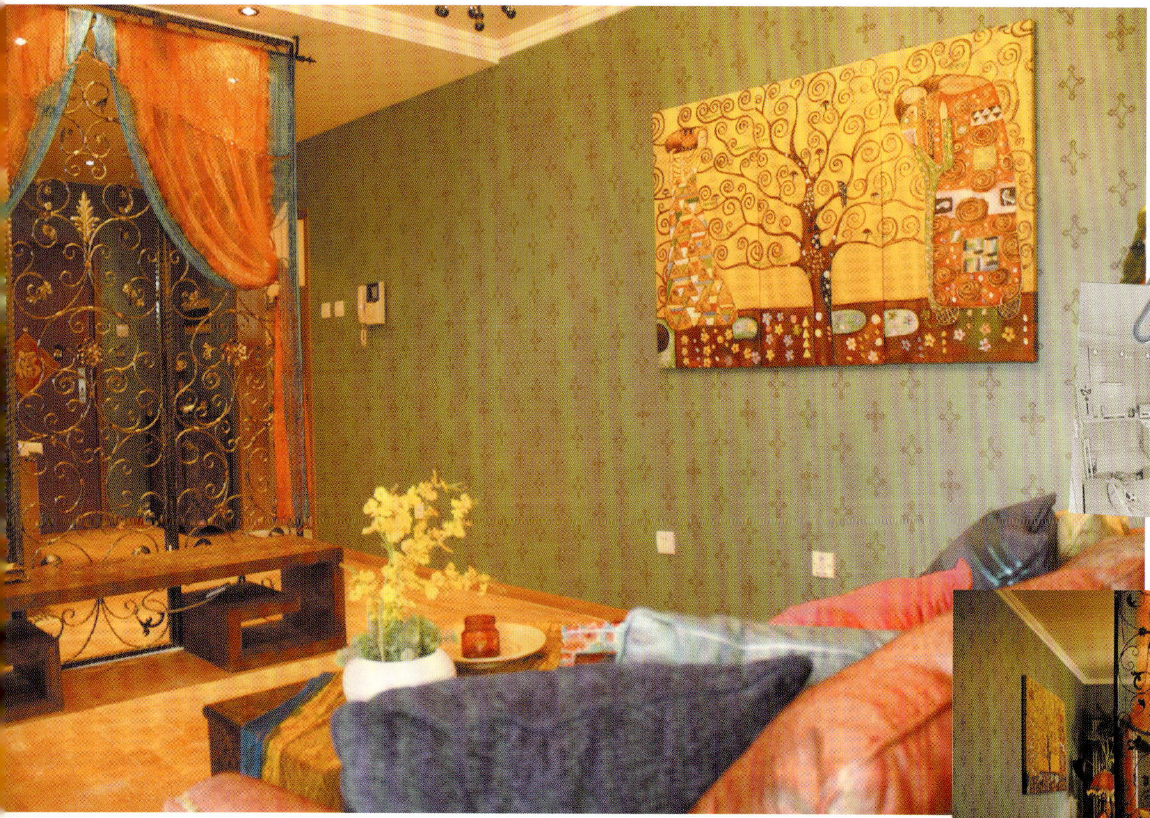

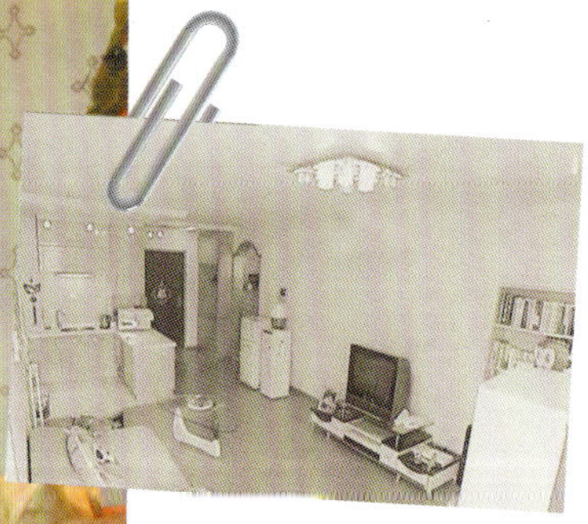

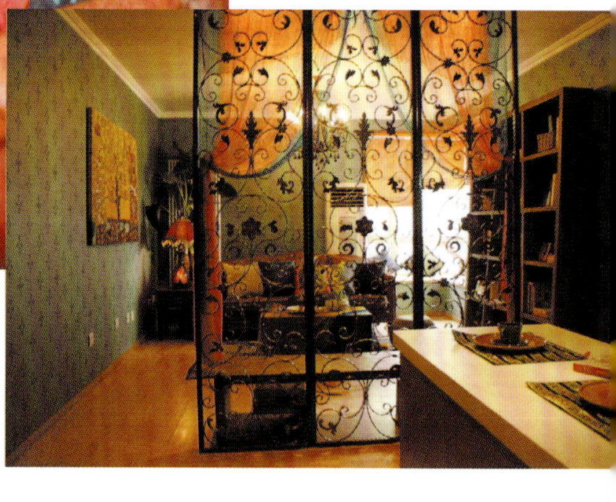

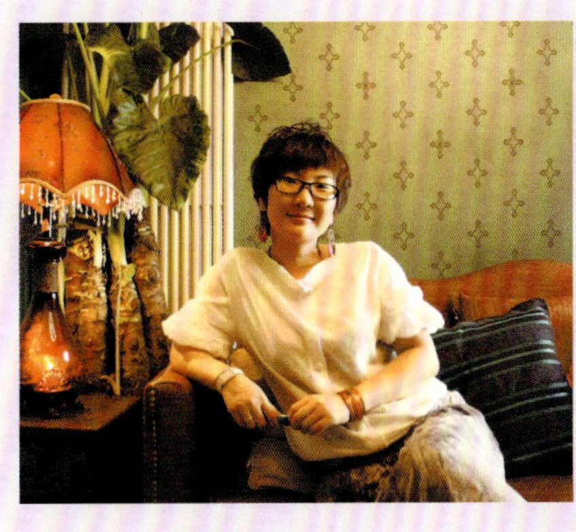

设计师：周慧娟
毕业院校：天津美术学院
从业时间：9年
设计理念：美到处都有，我们要用设计师的眼光去收纳它，并为之所用。

房间评价 改造后

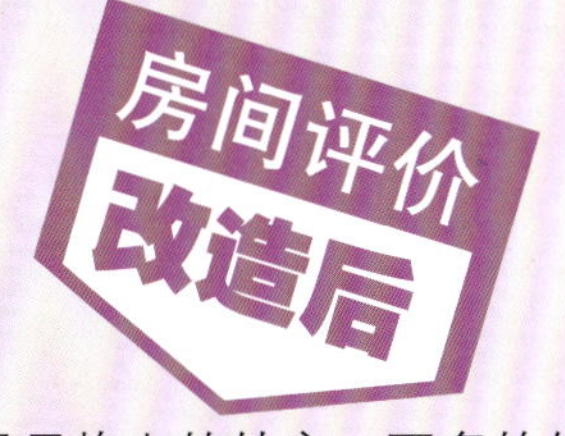

这次设计的会客区做了一个360度大改变，原先的沙发、电视墙、书柜在空间内通通乾坤大挪移。铁艺架搭配印度风情的纱幔起到了划分厨房和客厅的功能。走进客厅，带有热带气息的东南亚风格扑面而来。设计师希望带给业主的不仅仅是风格上的转变，更多的使业主能体验一种全新的生活方式，比较之前的空间，这里充满了怡情、灵动和柔情，让小两口的生活温情、浪漫不已。

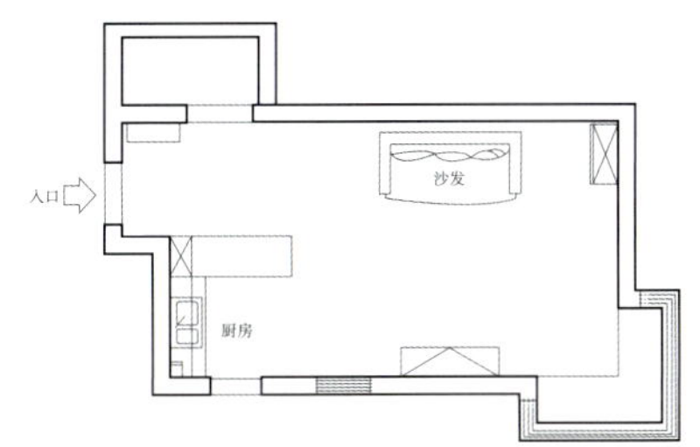

改造前平面图

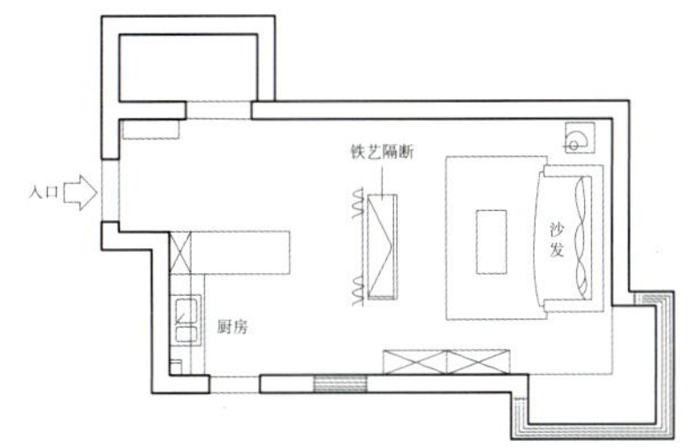

改造后平面图

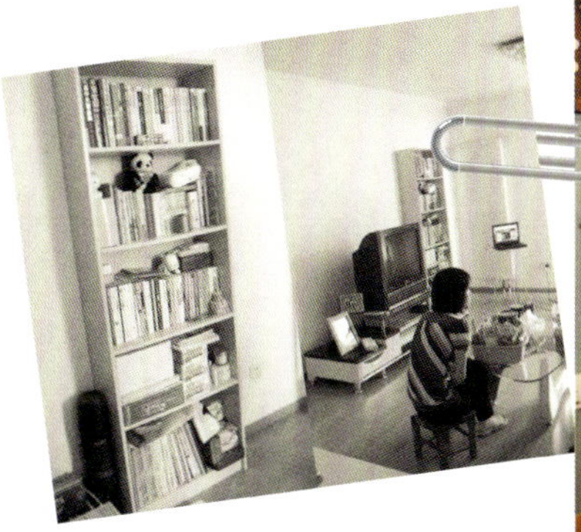

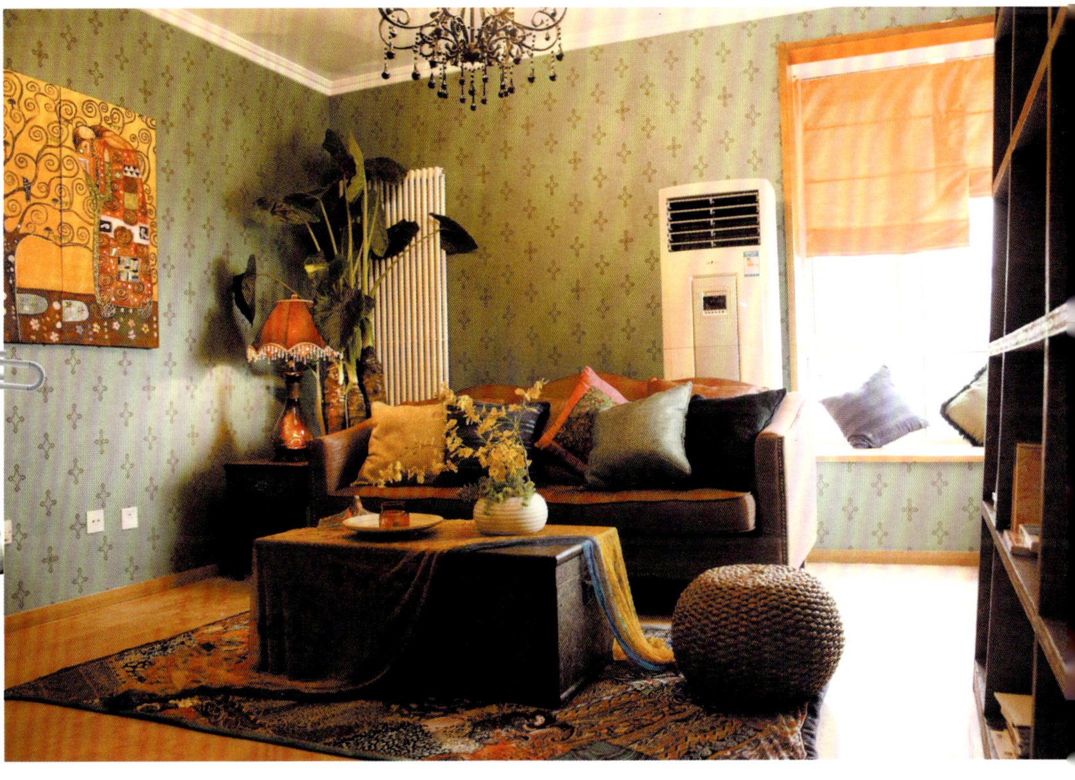

魔法01 东南亚风格客厅

客厅充满异域情调的家居设计或配饰单品，古朴中透着低调的妩媚。沙发墙壁纸色彩运用水绿色，家具为原木色调，但又采用布艺、藤等不同材质混合制作，有时还加上金色、红色布艺的点缀搭配，活跃了气氛，视觉感受上既有自然的质朴，又会在颜色和质地上形成有趣的对比。

改造前客厅空旷但却又感到杂乱，无装饰可言。

魔法02 铁艺隔断 巧分空间

铁艺架搭配印度风情的纱幔不仅为空间增加了一抹色彩，另外也起到了划分厨房和客厅的功能，同时镂空的铁艺架也保证了厨房明亮的光线。

改造前

改造前客厅、厨房、餐区混为一体，功能模糊。

脚下绚丽的地毯居然是设计师利用便宜的布头设计缝制而成，这种布头在批发布料的地方都可以买到，符合当下提倡的低碳环保理念，也让我们的脚下绚烂生花。

平时被我们卖做废品或扔掉的旧油桶在设计师手下也可以奉上了一道清爽、自然的夏日风情。贴上装饰马赛克将“妙笔生花”，和市面上出售的花瓶没有任何区别，而且只需要很便宜的成本就可以打造它。

魔法04 创意书架 铁艺电视背景墙

做旧的书架玩转大小不一、形状各异的梯形、看似小巧的梯形却有着强大的收纳功能，房主的书籍、装饰品、陈列品通通可以收纳其中。

人们脑海中对电视墙约定俗成的观点则是依托一面墙或加入书架，或加入装饰性元素的陈列架，或是温馨舒适壁纸，或是一幅优美、安静、怡人秋景的油画，最后加入电视和电视柜后，人们在欣赏电视节目之余也觉得电视墙分外赏心悦目，但是眼前这款电视墙让人颇为惊艳，铁艺架配上曼妙的轻纱，低调暗哑的电视柜营造出一幕浪漫的东南亚风情，在家娱乐放松犹如沉醉在浪漫的泰国风情中。

改造前没有电视墙，与瘦长的书架放在一起，显得孤单、不协调。

成本开销

书柜电视柜：2000 元　　**壁纸：1600 元**　　**沙发及饰品：3400 元**
铁艺屏风和镜子：1800 元　　**灯饰：1200 元**

本案色调

主色调 + 搭配色调   

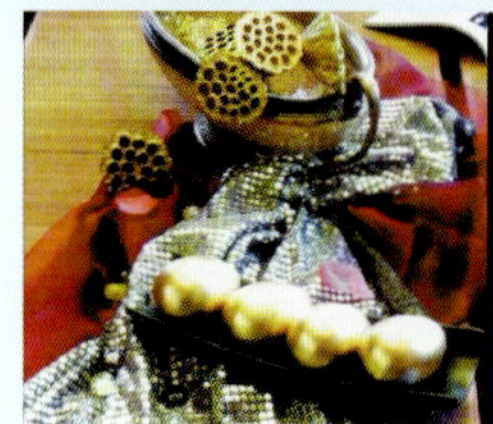

东南亚风格设计要素

显异域——瓷器印花、树脂雕花

能充分展现东方特有的古老神秘气息，既有民族特色又透着异域情调。图案多以吉祥的大象、骆驼、蒙面纱的美女及各种美丽的花朵为主。

显自然——砂石、木雕双保险

东南亚的家居风格其实非常崇尚自然。除了柚木外，藤、海草、椰子壳、贝壳、树皮、砂岩石等都可以拿来制作成家具、灯具和饰品，散发着浓烈的自然气息

要神秘—— 轻纱曼舞 粉红当道

东南亚的气质，除了多情，还带着种说不出的神秘感。这让我们脑海中不免浮现出那些色彩艳丽、质地飘逸的曼纱。而性感的粉红色，不管是生在轻柔的纱幔还是用于坚实的墙壁、木制家具上，都显出几分神秘。

“混”与“搭”

除了从设计布局来说，为家具作一些东南亚风格的设计外。一些颜色和单品以及整体大环境的配套也非常重要。虽说东南亚容易产生混搭效果，但是这种“混”其实讲究设计章法后的“搭”。

一般，木雕装饰品、草帘、竹制品、砂岩墙饰、清新自然的木格百叶窗板都是营造东南亚风格的点睛元素。而像色彩浓烈的桌布、柔和的床幔，以及具有巴厘岛显著特点的藤编家具等都可以实现混搭。从颜色来看，绿和黄、蓝和白、栗色和水绿色，黑色和金色这些对比鲜明的颜色常被使用，两种调子的紫色或彩饰颜色的混合使用也是渲染整个情调的惯用手法 。

自然的呼吸

纯净空间

二人世界是一种幸福的状态，当我们的世界多了一个小生命，可不可以和孩子一起共享世界，共享自然？让她的成长也成为父母的一种成长？让我们共同的世界清新、自然、干净、丰富。

自然的呼吸 纯净空间

ZIRAN DE HUXI

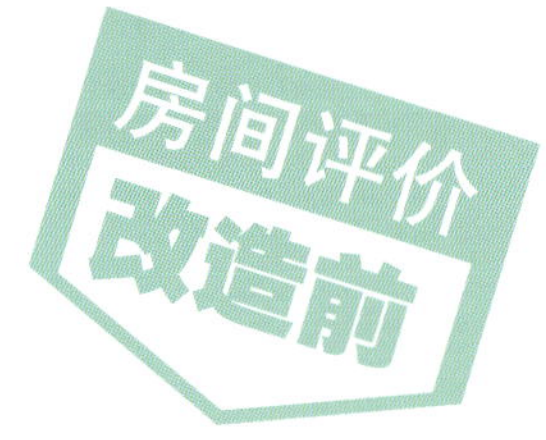

改造前评述：

房主觉得门厅的鞋柜不实用也不美观；客厅没有电视墙；餐厅想改造下，能满足更多的实用功能；可以给宝宝一个玩耍的空间。

房间评价

改造前

房主故事：

小夫妻和宝宝居住，房子是2006年的精装修房，说是精装房也只不过是最基本的简装房，没有任何的装饰效果，希望通过改造给一家人一个既舒适又温馨的家。

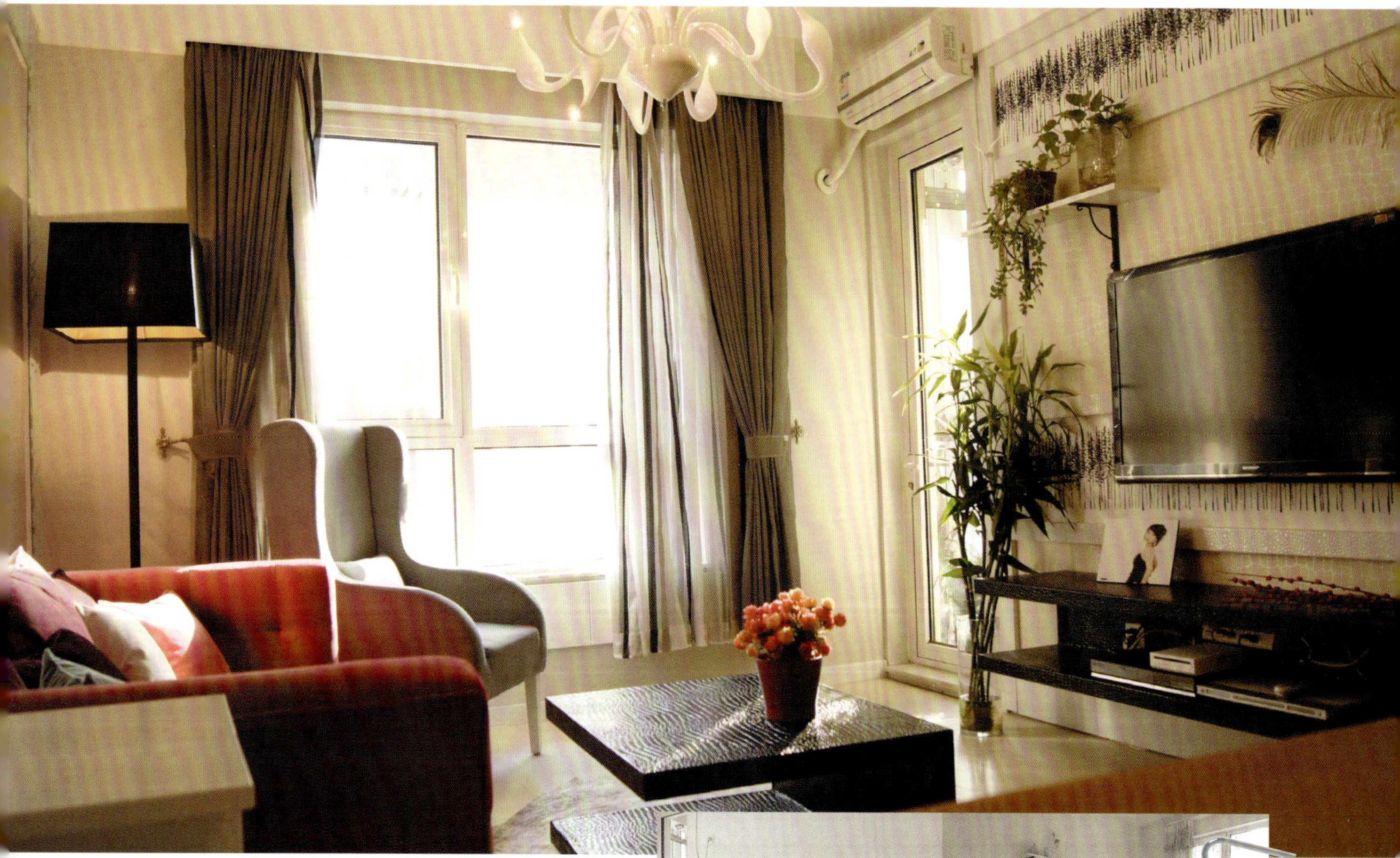

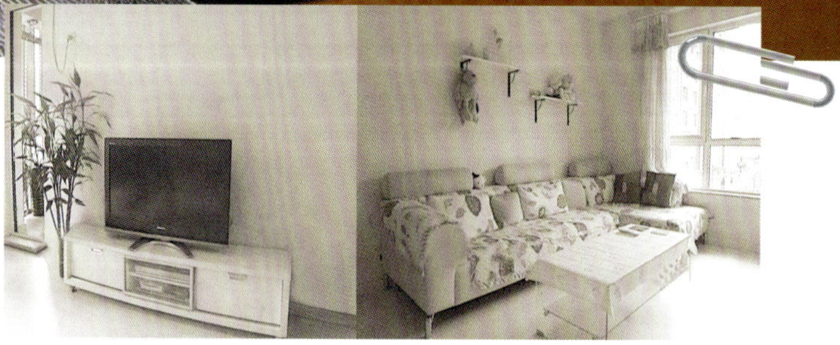

设计师：陈永斓

毕业院校：广西民族艺术学院

从业时间：9 年

设计理念：像电影那样畅想……

就像看电影一样，每个人对电影的理解与想像都不同，家也是一样。倾心为房主打造一个属于自己的“电影”。

对于小户型来说大面积的浅色调能很好地提亮房间的采光度，同时也令空间视觉效果放大，再有就是浅色调的宽容度也比较大，在风格营造中可发挥的空间也较大。

树林的静谧、长颈鹿的柔和、斑马的灵巧、枝头欢快开放的花朵营造出一个安静而又不失活力的空间，辅以个别区域的色彩点缀，让这个空间带给大人放松和舒适、也能带给小孩子趣味和想象。

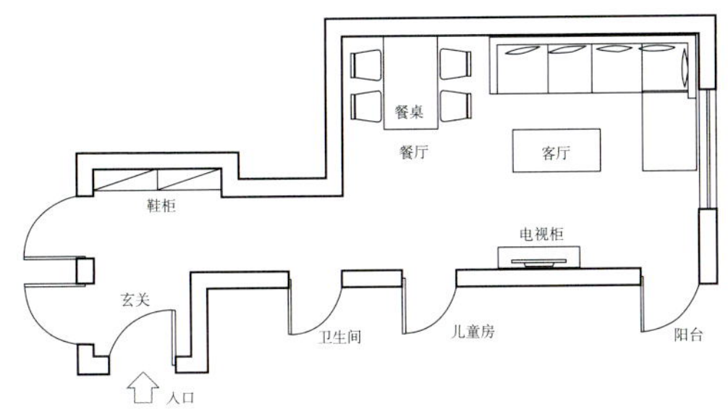

改造前平面图

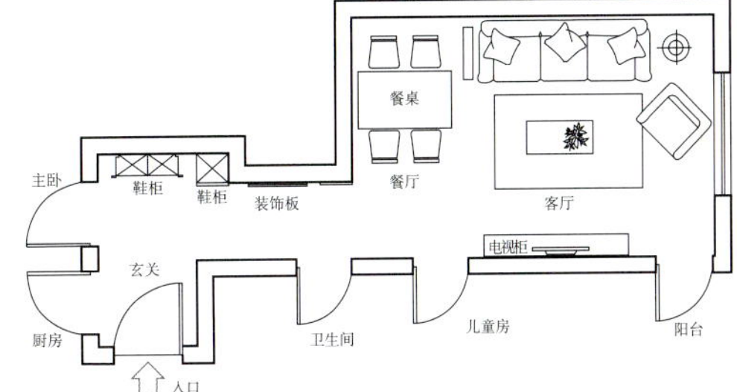

改造后平面图

魔法01 自然元素丰富的电视墙

树林剪影的壁纸，斑马纹皮质的壁纸，斑马的装饰画，优美的天鹅吊灯 ，轻轻飞舞的蝴蝶餐灯，这些动物与植物的元素贯穿整个设计。

电视墙树林形式的磨砂镜面很好地与门厅的鞋柜造型统一，也让整体更具有灵动性。

改造前

改造前的电视墙缺少装饰和设计感。

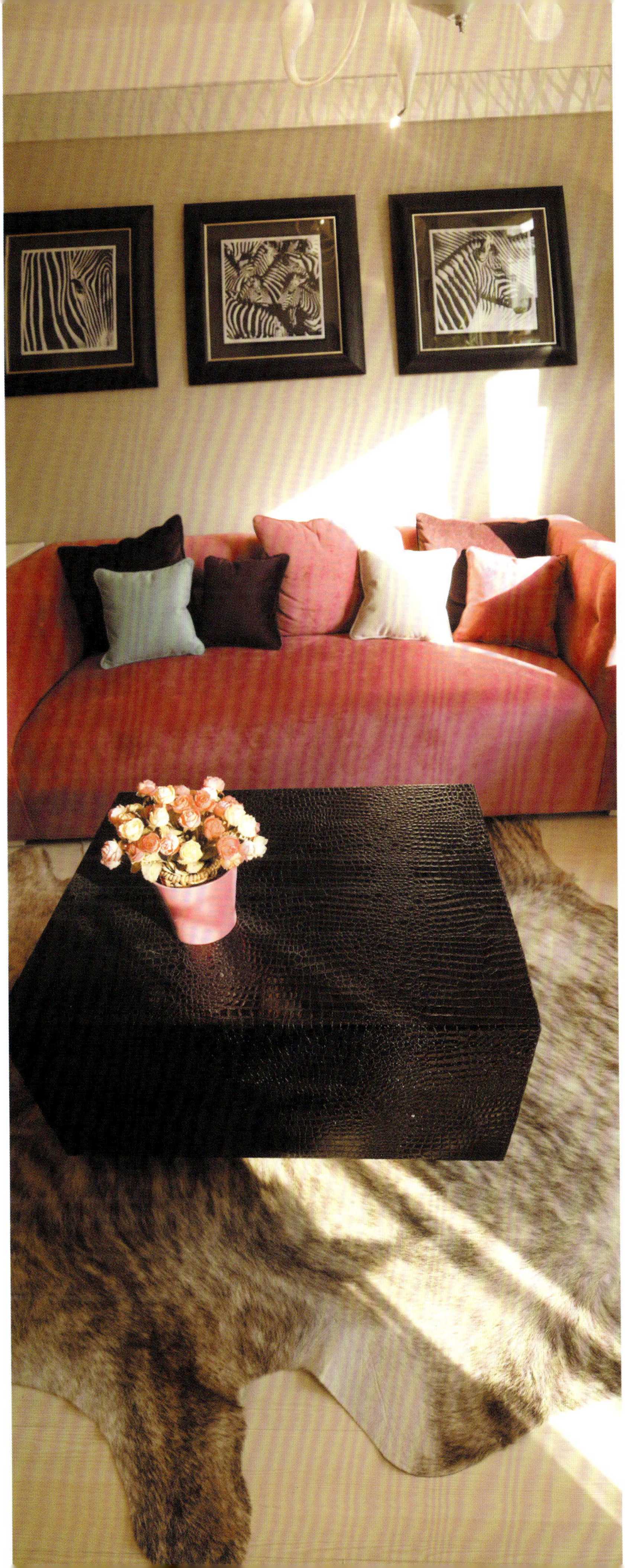

魔法02
充满动物趣味的彩色沙发区

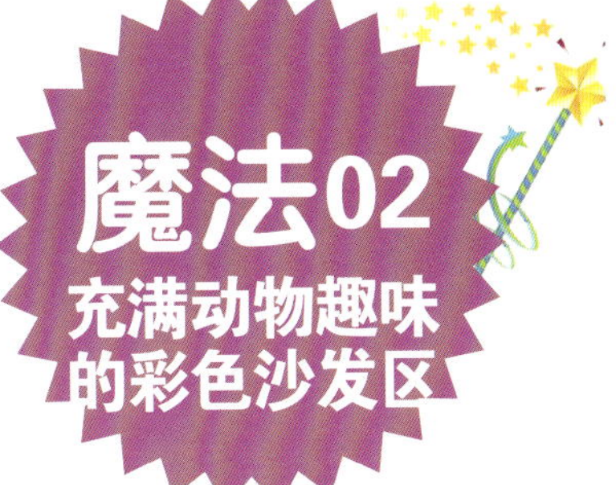

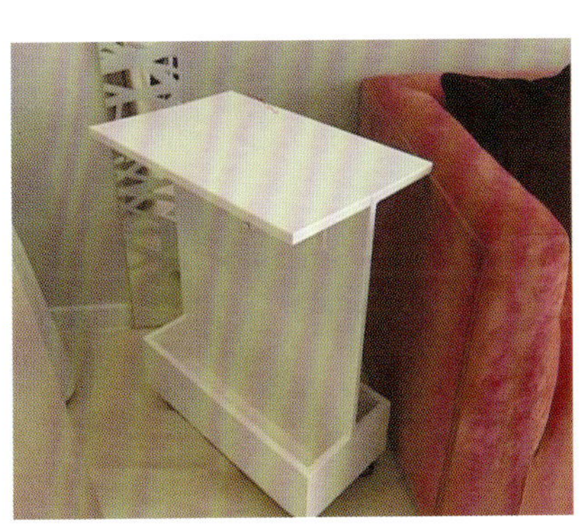

在沙发的旁边有个可活动、可翻折的书报架，翻开书报架是个实用的小桌面，主人可以坐在沙发里惬意的上网冲浪。

在茶几和地毯的应用中，再次使用了动物皮毛的效果。

彩色的沙发既实用，又成为这个区域的点缀。

改造前

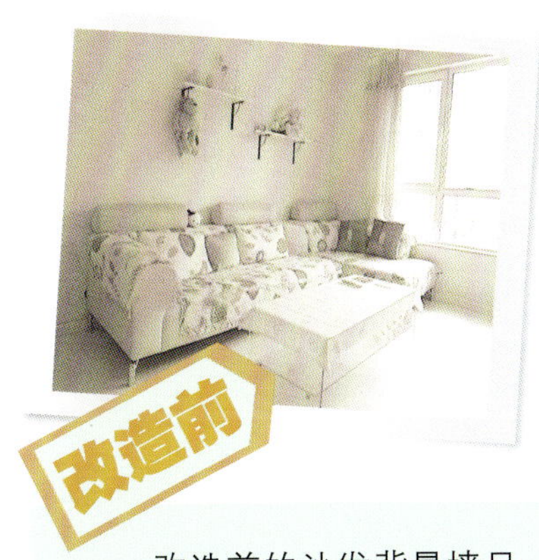

改造前的沙发背景墙只有简单的装饰，设计感和个性均不强。

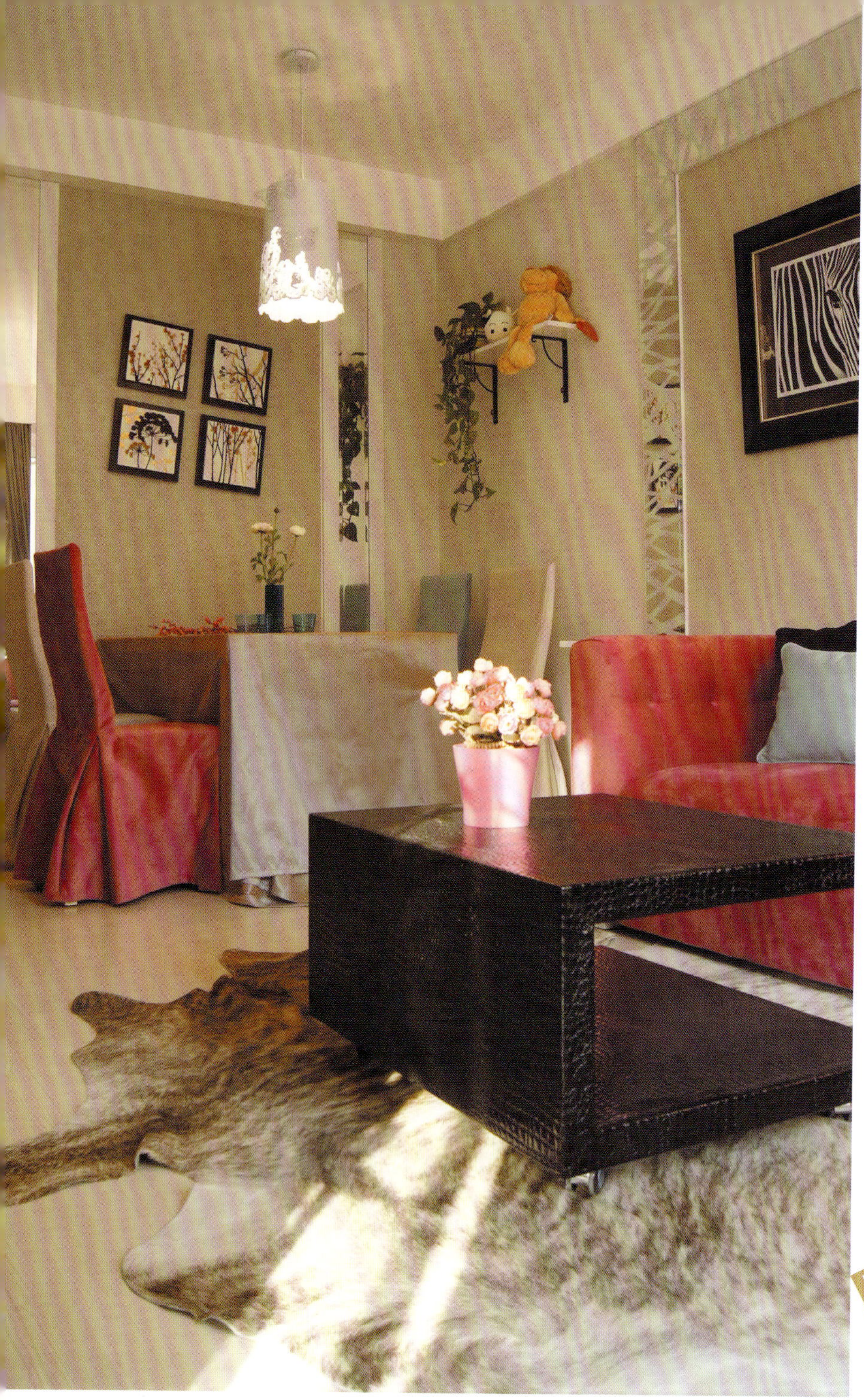

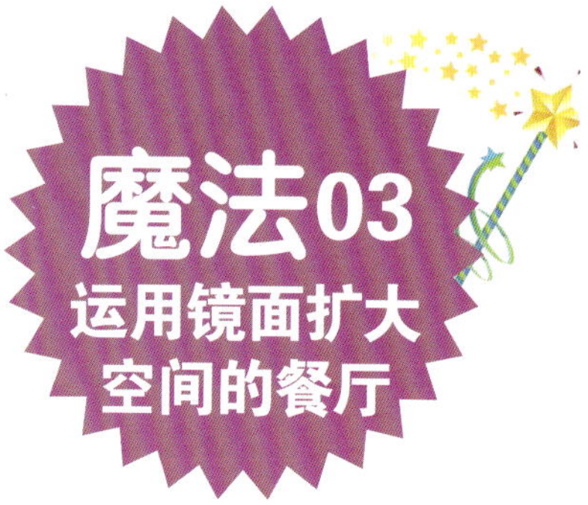

魔法03
运用镜面扩大
空间的餐厅

餐厅墙面上水银镜面的运用让整个空间更具穿透性，竖向的镜面也增加了空间的高度感。

镜面框架使得餐厅和客厅的分区更加明确。

改造前

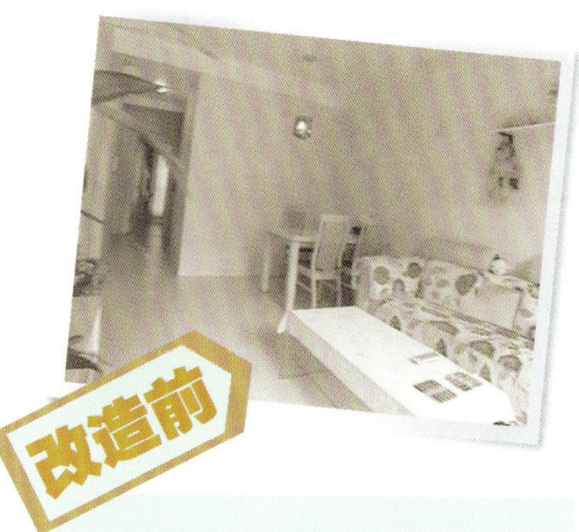

餐桌样式简单，摆放随意。

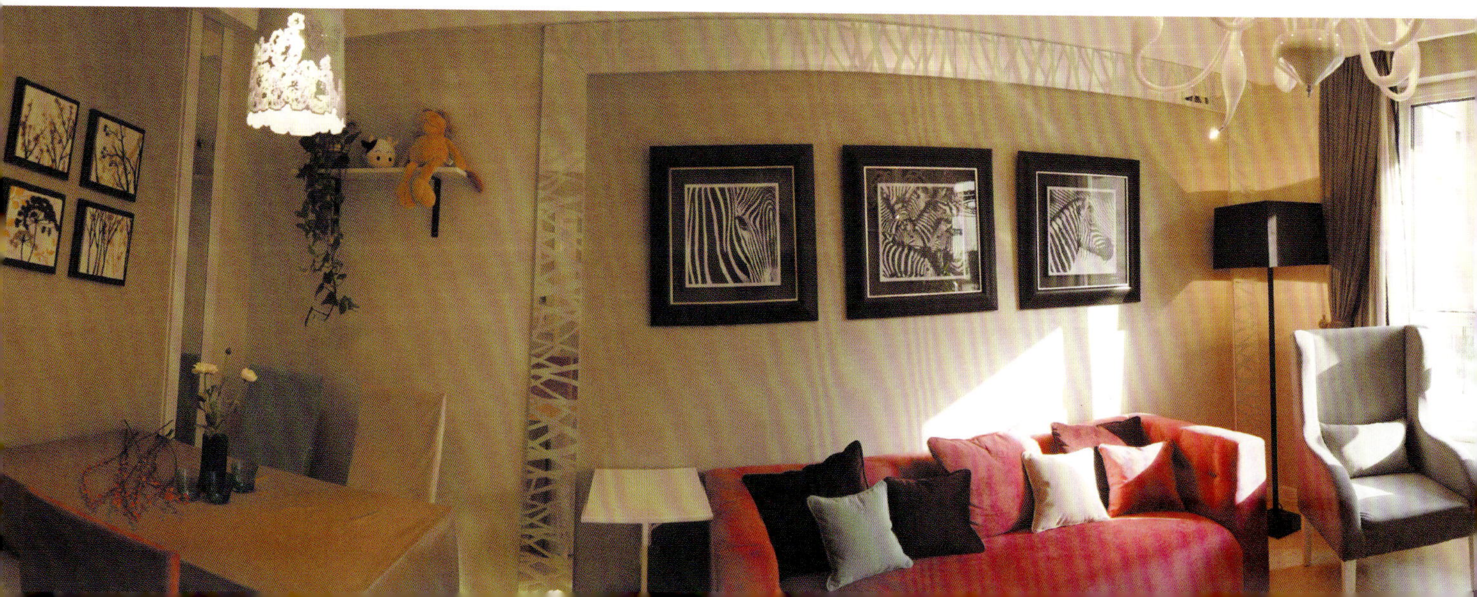

1
2|3|4

改造前的门厅鞋柜既不实用也不美观。

门厅过道整体感觉简陋，没有整体感。暴露了原户型结构的弊病，两边过道的垭口并不是垂直在一条水平线上的，显得过道有些突兀。

1 改造后的门厅鞋柜，既满足了功能的基本需求又提高了空间的观赏性和艺术性；树林形式的装饰框带给人安静、丰富和遐思；皮质的壁纸使人联想到鹿的灵动和欢快，它修长的身形和或静或动的姿态都让人的内心萌生温柔；玻璃柜门上的全家福照片让整个空间增加了浓浓的情意。

2/3/4 改造后的门厅过道，不仅在功能上有了完美的结合，在材质选择上运用了树林形式的壁纸让门厅与客厅有个很好的过渡。 在原结构垭口的弊病处增加了一个隐藏式的储物柜，这样不仅垭口整齐划一，整个空间更整体也更具有实用性。

墙面上四块可翻开的白色皮革饰面装饰块（翻开装饰块后可做为小朋友的写字板）不仅增加了实用性更具趣味性，加深了设计的记忆点，同时令这两个局部构成了一体。

成本开销

沙发：2000 元 **窗帘：800 元** **电视柜：1500 元** **茶几：700 元**
鞋柜：630 元 **酒柜：650 元** **挂衣钩：50 元** **储藏柜：600 元**
穿衣镜：200 元 **灯合计：700 元** **装饰品：500 元** **地毯：270 元**
顶部造型线：200 元 **落地灯：500 元** **艺术漆：700 元**

本案色调

主色调 + 搭配色调     

相对于很多户型来说，如果在房屋结构上不能改变，那就要在家具的布置上及后期的配饰上下工夫，家居色彩选择也有门道：

1. 大空间的起居室，可采用高明度色调，以求明亮温馨的感觉。也可采用中明度的中性色调，以求稳定温馨的感觉。

2. 小空间的起居室宜用偏暖、高明度的淡雅色，以在视觉上造成空间感的扩大。

3. 卧室的色调宜采用柔和、安宁偏暖的色彩为主，如粉红、米黄、浅绿、粉紫等色彩，以获得雅致、安谧的效果。

4. 书房的色调采用中纯度高明度的中性色为主，如亮灰色、亮黄灰、亮紫灰、亮蓝灰、亮褐灰等色。以获得平静、宽松，易于专心读书，提高学习工作效率的效果。

经典的蓝白地中海家居

蓝与白的对比，塑造一个自然轻松的空间。

优美的拱形梁，轻柔海浪的波纹，海天一色的墙面，简洁独特的顶棚……令人恍然置身地中海岸。

蓝色记忆 经典的蓝白地中海家居

LANSE JIYI

改造前评述：

原房屋缺乏造型，缺乏色彩，储物空间不能满足需求，家居空间没有特点。

房主故事：

四五年前装的房子，当时喜欢宽敞明亮的空间，结果给装修成了没有色彩。对客厅改造的要求是：要有色彩，想要电视背景墙，储物空间增大；不要灰色调，不要复古风格，就要地中海。

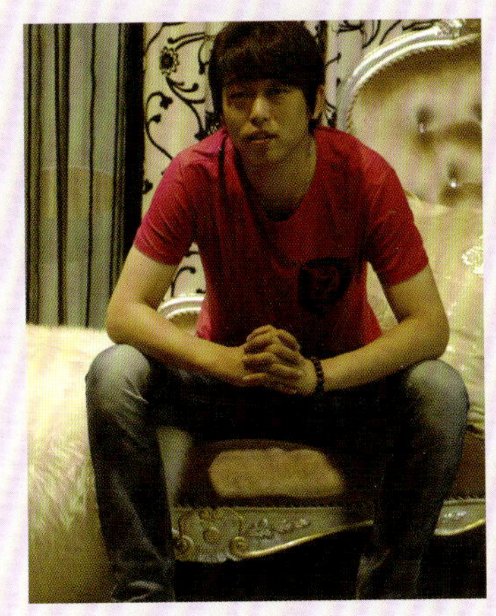

设计师：王 磊

毕业院校：鞍山科技大学

从业时间：6年

设计理念：把握细节，设计去实现业主对家的梦想。

房间评价 改造后

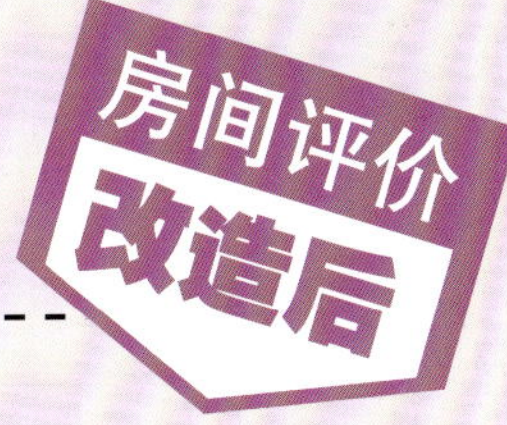

改造设计充分考虑了房主对空间风格的主张和对空间功能的需求，以简约的地中海家居风格为基调，辅以自然元素来活跃空间氛围，并提升生活的品质。家是身心的休憩地，是人们最重要的活动场所，不管环境多么糟、地方多么小，设计师都要尽量去改善它、美化它。地方不在大小，舒适清爽为本，让人们在家里彰显自己的个性体验，又不失家的温馨舒适。

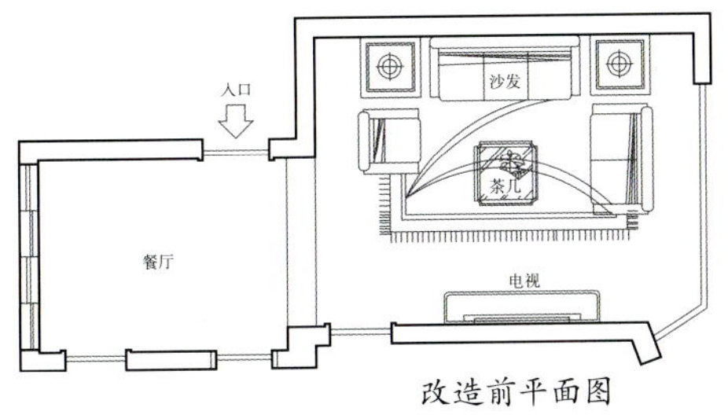

改造前平面图

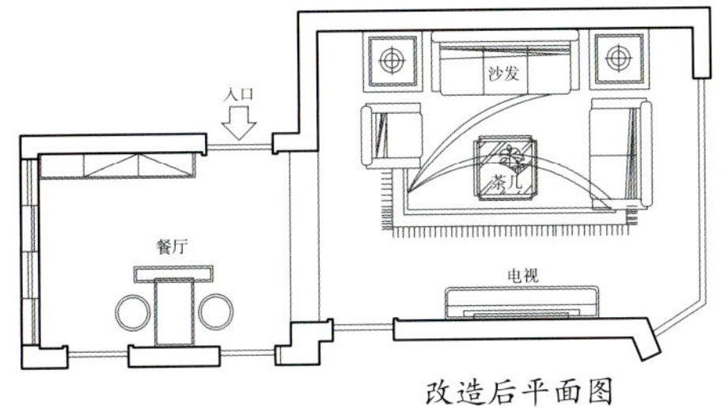

改造后平面图

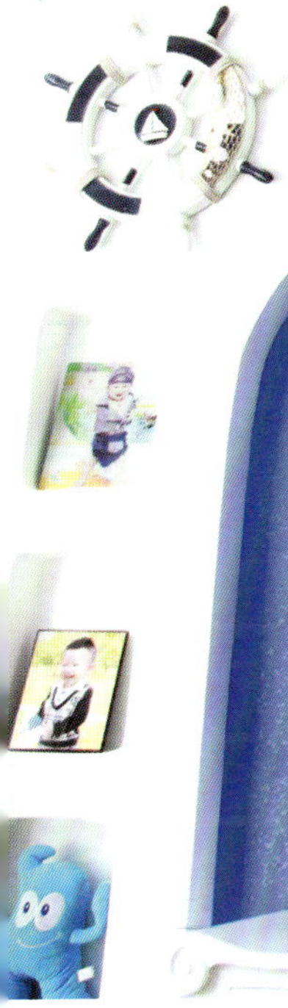

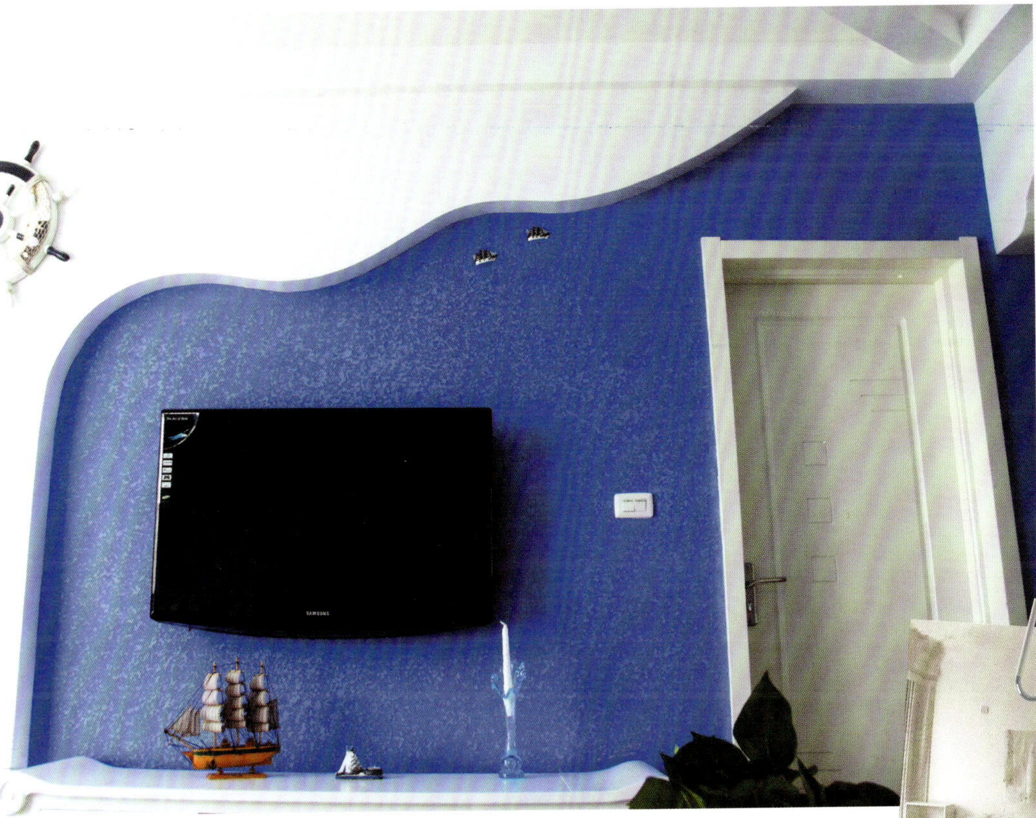

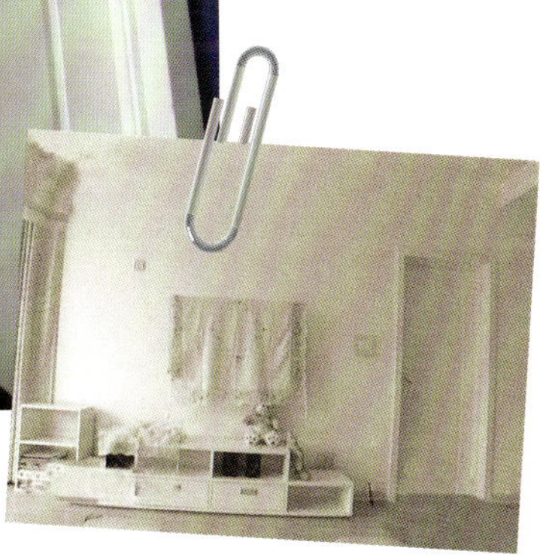

魔法01 整体玄关柜 隐形吧台

1 门厅原来放鞋柜的位置，制作了一个整体玄关柜，展示与存放鞋等物品的功能兼具。整体的结构设计充分利用了空间，柜子造型别具一格，功能也比普通的鞋柜强大。

细木工打造的柜子边线造型是海水流过沙滩留下的柔美线条，蓝色的硅藻泥材质使柜子的色彩湛蓝夺目。

2 门厅走廊设置的这一件简约欧式几案不仅构成走廊的视觉中心，给人清爽优雅的视觉感受，而且还有令人意想不到的实用功能——吧台。

3 展开几案，是一个小型的、蓝与白对比非常舒服的吧台。

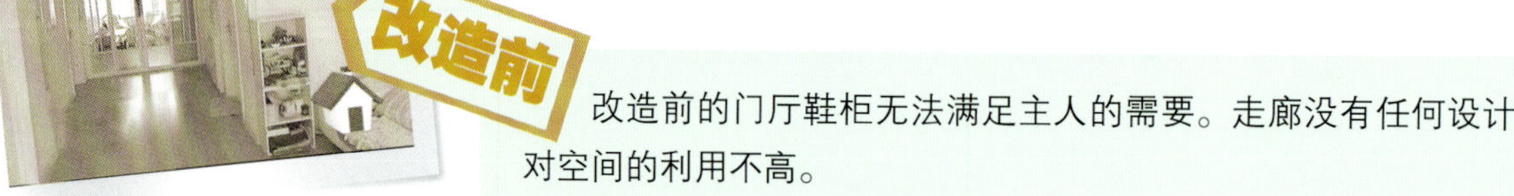

改造前

改造前的门厅鞋柜无法满足主人的需要。走廊没有任何设计，对空间的利用不高。

魔法02 吊棚设计 拉伸空间

顶棚的设计匠心独运——别出心裁的造型结构使空间的拉伸感更强，原来并不高的层高在视觉上得以延伸，使呆板的屋顶变得生动，富有层次。简单大气的线条结构不会给人繁琐压抑的视觉效果。

精心挑选的灯饰使整个空间更加灵动、活泼。

魔法03 沙发背景墙大气恬静

沙发背景墙大胆地采用巨幅壁画来装饰，在不大的空间，这幅风光秀丽的海景壁画有效地延展了空间，给人宽广、深远、宏大的视觉享受，令人心旷神怡。拱形的造型墙像一扇打开的窗户，连接这闹市中的小屋与辽阔的大海，给整个客厅空间带来了浓郁的自然气息。

家具与配饰造型简洁明快，白色与深浅不同的蓝色搭配，清新宁静，进一步营造了空间的赏心悦目。踏进这清爽的空间，忙碌一天的身心瞬间放松。蓝白条纹的窗帘给空间增添几许浪漫、几许神秘。

改造前

改造前的沙发背景墙装饰普通，没有新意。

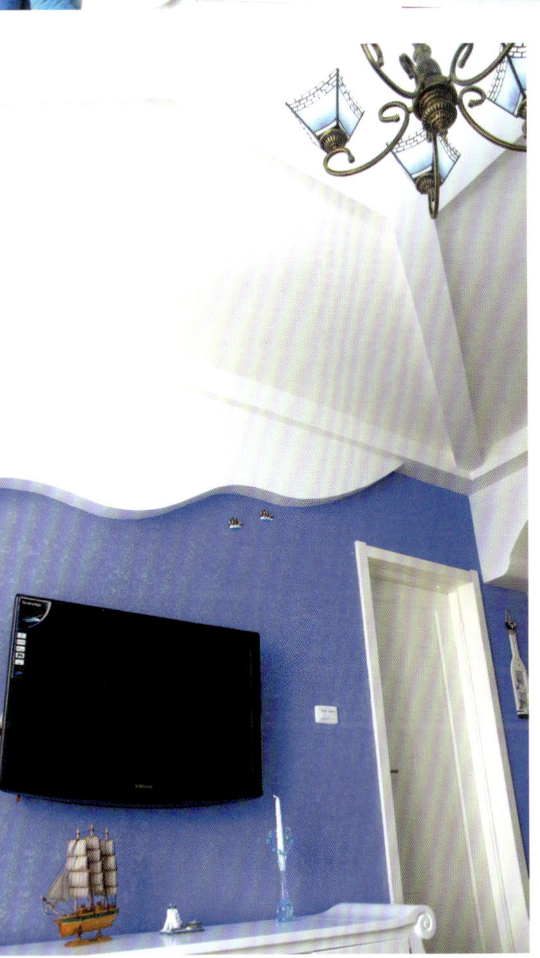

魔法04 电视背景墙 海天一线

电视背景墙造型是柔美的海浪。结构优美的线条，仿佛是那海天相接的一线，宁静悠长。

蓝色的硅藻泥经过特殊的工艺处理，仿佛朵朵浪花在随波荡漾。

精美的小配饰使人更能展开无限的联想。

改造前的电视墙无装饰，电视机与电视柜显得孤立微小。

成本开销

门厅储物柜：2000 元	**沙发套：1200**	**定制壁画：2300 元**
硅藻泥：1000 元	**电视柜：600 元**	**茶几：1000 元**
客厅灯 + 门厅灯：700 元	**窗帘：800 元**	**其他材料 400 元**

本案色调

主色调 + 搭配色调  + 

地中海风格家居的装修技巧

地中海风格是类海洋装修风格的典型代表，是最富有人文精神和艺术气质的装修风格之一。自由、自然、浪漫、休闲是其精髓。

在空间造型设计上，地中海风格家居常用连续的拱门、马蹄形窗来体现空间的通透，栈桥状露台、开放的房间功能分区体现空间的开敞。

在材料选用上，倾向采用天然的材料，体现亲近自然、感受自然的生活情趣，进而体现地中海风格的自然思想内涵。

在色彩上，多以海洋的蔚蓝色为基色调，加以其他颜色的搭配。同事讲究对自然光线的巧妙运用，以及用流线形和梦幻色彩的线条等软装表述浪漫情怀。

家具则大量采用宽松、舒适的款式，达到休闲体验生活的目的。

欢迎收看《交换空间》节目
欢迎阅读《家装魔法》丛书

引导家装消费 感受家居时尚 体验美好装修 促进家庭和谐

中央电视台财经频道《交换空间》栏目是一档贴近普通电视观众，倡导自主动手、节俭装修为理念的服务类节目。所有将要家装的、正在家装的、已经家装的，热爱生活、热爱家庭的人群都是节目的收视对象。

在每一期节目中，都将会有两个勇气可嘉的家庭出现。他们将提供出自己房屋中的某一房间，在装修团队的帮助下，互换空间进行装修。简单地说就是你给我家装、我给你家装。在这次装修挑战中，他们只有48小时时间，以及10000元装修预算和8000元的家电基金。如何在规定时间有限预算内完成装修任务将成为节目最大看点。

栏目在保障观赏性的同时，提供装修知识、家装创意、家装常识。让所有的电视观众重新认识家庭装修的乐趣，推广绿色环保装修，同时促进人与人之间的理解，和睦相处。

由央视财经频道《交换空间》栏目独家授权、同步出版的《家装魔法》丛书共包括5本分册，读者可以填写背面的报名表，采用邮寄或电邮的方式发送给栏目组，就有机会成为红蓝两队成员，参与到《交换空间》节目中来！

买书当房主，《交换空间》进咱家！

《交换空间》报名表

参与人关系：		
	选手一	选手二
姓　名		
性　别		
年　龄		
学　历		
工作单位及职务		
联系方式		
电子邮箱		
特长及兴趣爱好		

家庭地址				
房间情况	房屋使用面积	几室几厅	希望装修的房间	面　积

关于家的情感故事或个人经历的故事(300-500字)

____

____

____

____

____

____

财经频道《交换空间》栏目组

请将报名表填好后裁剪下来寄送至：
北京市海淀区复兴路11号
中央电视台财经频道《交换空间》栏目组 收
邮编100859

您也可以到本社网站www.waterpub.com.cn/softdown下载报名表格(密码为书号ISBN的最后5位)，电邮至kongjian@cctv.com。

《交换空间》栏目组收到上述报名表后，经审核筛选，便有机会成为红蓝队员！